FIRST LESSONS IN MAORI

W. L. WILLIAMS, D.D., *and*
H. W. WILLIAMS, M.A., Litt.D.
Formerly Bishops of Waiapu

Revised by W. W. BIRD, M.A.,
Sometime Senior Inspector of Native Schools, New Zealand

THIRTEENTH EDITION, 1965
Revised by W. T. NGATA

FIRST LESSONS
IN MAORI

FOREWORD

First Lessons in Maori was first published in 1862. It has been constantly revised and kept up to date. The English-Maori vocabulary formed part of the work from the first, but the Maori-English portion was added in the sixth edition. In the eighth edition the vocabularies were considerably enlarged, many of the words being of recent adoption into the language. It has always been one of the aims of the book to record new forms, especially in those instances where the Maori has been forced to adopt some word to represent an idea with which he had had no acquaintance in the past. For the eleventh edition alterations were made in the grammatical terminology, especially in dealing with the Maori verb, so as to present it in the form used in English textbooks.

For the thirteenth edition it has been considered desirable to retain as far as possible the character and approach of a work that has stood for many years as a standard book and a classic of its kind. The major change is the addition of macrons to indicate the length of vowel sounds.

CONTENTS

PART I

1.	The Maori Alphabet	9
2.	Nouns and Personal Pronouns	11
3.	Prepositions	16
4.	Definitives	19
5.	Adjectives	25
6.	Numerals	26
7.	Sentences without Verbs	28
8.	Verbs	33
9.	Neuter Verbs	48
10.	Relative Clauses	51
11.	Miscellaneous	54

PART II

Progressive Exercises	60
Key to Exercises	75

PART III

Conversations	89

PART IV

Vocabulary—English-Maori	97
Maori-English	121
Index of Grammatical Subjects	141

Part I

1. The Maori Alphabet

§ 1. The **Alphabet** consists of fifteen letters:—
  (a) Eight consonants: *h, k, m, n, p, r, t, w.*
  (b) Two digraphs *wh* and *ng* which may be included with the consonants.
  (c) Five vowels: *a, e, i, o, u.*

The consonants may be pronounced as in English, though *t* and *r* are articulated further forward in the mouth.

The sounds of *wh* and *ng* and the vowels are illustrated in the following table:—

FORM	PHONETIC SYMBOL	ENGLISH	MAORI
wh	ʍ	as in *wh*at	*wh*ata (towards)
ng	ŋ	as in si*ng*ing	*ng*aīo (tree)
a	ɑ:	as in f*a*ther	rātā (tree)
a	ə	as in *a*bout	hăkă (dance)
e	ɛ	as in th*e*re	wētā (insect)
e	e	as in b*e*d	rĕrĕ (run)
i	i:	as in mach*i*ne	tītī (mutton bird)
i	i	as in h*i*t	tĭkĭ (bring)
o	o:	as in p*o*le	kōkō (tui bird)
o	o	as in hall*o*!	rŏtŏ (lake)
u	u:	as in f*oo*l	pūpū (sea snail)
u	u	as in p*u*t	mŭtŭ (end)

§ 2. NOTE: The Maori alphabet is very restricted. It will be noticed that the voiced consonants *b, d, g,* are wanting, also the voiced and voiceless pairs, *v, f,* and *z, s,* and the liquid, *l*. The only consonants are the voiceless *p*, *t*, *k*, the voiced and voiceless pair, *w*, *wh*, the three nasals, *m*, *n*, *ng*, the liquid *r* and the aspirate *h*. These ten consonants with the five vowels permit the formation of fifty-five open syllables, but four of these, *wo*, *wu*, *who*, *whu*, do not occur in any genuine Maori word, leaving only fifty-one possible syllables in the language.

§ 3. **Pronunciation.**—In pronouncing the vowels great care should be taken that in each case the long vowel be formed by a simple prolongation of the pure sound of the short vowel without any gliding, as so often in English, into another vowel. Thus ō [o:] must not have any trace of *u* introduced into it, nor ē [ɛ] any trace of *i*.

Wh [w] is not a compound of *w* and *h*, but represents the single voiceless consonant corresponding with *w*, and is pronounced by emitting the breath sharply between the lips. It is a mistake to assimilate the sound to that of *f* in English, though this has become fashionable in recent years with some of the younger Maoris.

Ng [ŋ] (also a single consonant), as used in Maori to begin a syllable, is found difficult by some people; but the difficulty may soon be overcome by bearing in mind that the position of the organs of speech is the same for this letter as for *g* and *k*, to which it stands in the same relation that *m* does to *b* and *p*, and *n* to *d* and *t*. Pronounce the three letters successively with the Maori vowel *a*, thus: *ka*, *ga*, *nga*, and practise this till the letter is mastered.

Each vowel has but one sound, but may vary in length. When two stand together in a word they do not, strictly speaking, form a diphthong, but each should be pronounced, the first of the two generally more strongly than the other. The doubling of a vowel amounts simply to a lengthening of it.

The consonants always stand singly, and every syllable is open, that is, ends with a vowel, and every letter in a word is pronounced.

Accent.—As a general rule, accentuate the first syllable; but in words beginning with *whaka* accentuate the third. When a word is formed by doubling the last two syllables of a three-syllable word, the first syllable will invariably be long, and there will be a secondary accent on the second and fourth syllables: as *āni'wani'wa*.

Caution.—Be careful always to give each vowel its own sound, and so avoid confusion between *ae* and *ai*, as in the words *waewae* and *wai*; between *e* and *ei*, as in the words *he* and *hei*; between *ao* and *au*, as in the words *tao* and *tau*; between *o* and *ou*, as in the words *koukou* and *koko*; between *ou* and *u*, as in the words *koutou* and *kutu*.

2. Nouns and Personal Pronouns

§ 4. The nouns have no **inflexions**, nor any distinctions of **gender**.

NOTE: The interrogative pronoun **aha**, *what*, is treated as a common noun.

The **number** of a common noun is denoted generally by the number of the definitive in connexion with it.

(§§ 17, 18.) The following words have one vowel lengthened in the plural, thus:

SINGULAR	PLURAL
Mătua, *parent*.	Mātua, *parents*.
Tŭpuna, *ancestor*.	Tūpuna, *ancestors*.
Tăngata, *man*.	Tāngata, *men*.
Wăhine, *woman*.	Wāhine, *women*.
Tuăhine, *sister* (of a man)	Tuāhine, *sisters*.
Tuăkana, *elder brother*.	Tuākana, *elder brothers*.
Tĕina, *younger brother*.	Tēina, *younger brothers*.

The word *tamaiti, child,* is used in the singular only, *tamariki* being always used for the plural.

§ 5. The **personal pronouns** have three numbers, Singular, Dual and Plural, as shown by the following table.

Table of Personal Pronouns

SINGULAR	DUAL	PLURAL
Ahau or au, *I, me.*	tāua, *thou and I, we two, us two.*	tātou, *you and I, we, us.*
Koe, *thou, thee.*	māua, *he and I, we two, us two.* kōrua, *you two.*	mātou, *they and I, we, us.* koutou, *you* (more than two).
Ia, *he, she, him, her.*	rāua, *they two, them two.*	rātou, *they, them* (more than two).

The pronouns, like the nouns, have no inflexions.

The personal pronouns are not used in speaking of inanimate things.

§ 6. The **singular personal pronouns** *ahau, koe, ia,* are replaced respectively by *-ku, -u, -na,* when they follow any of the possessive prepositions, *a, o, na, no, ma, mo;* or the **possessive particles,** *ta* and *to* (which are equivalent to the article *te,* with the prepositions *a* and *o*). Owing to this irregularity the preposition and pronoun in each case are generally written as one word. (Compare §§ 18 and 22.)

Ahau, *I*; āku, or ōku, *of me*; nāku, or nōku, *belonging to me, mine;* māku or mōku, *for me;* tāku, or tōku, *my* (literally, te a ku, *the. .of me*).

Koe, *thou;* āu, or ōu, *of thee;* nāu, or nōu, *belonging to thee, thine;* māu, or mōu, *for thee;* tāu, or tōu, *thy.* (Tŏ and ŏ are sometimes used for tāu and āu.)

Ia, *he or she;* āna, or ōna, *of him or her;* nāna, or nōna, *belonging to him or her, his or hers;* māna, or mōna, *for him or for her;* tāna, or tōna, *his or her.*

§ 7. **Self** is expressed by the addition to the pronoun of either of the adverbs, *ake* or *ano,* which may also be used with a possessive, (§ 18), to express **own.** In the latter case *ake* may be placed after either the possessive or the noun, *ano* only after the noun.

Examples

Ki a raua ake, *to themselves.*
Toku ake whare, *or* toku whare ake, *my own house.*
Ana tama ano, *his own sons.*

NOUNS AND PERSONAL PRONOUNS

§ 8. Local nouns.—There are certain nouns which are invariably used without a definitive (§ 18), though the force of a definitive must be expressed in translation. The majority of these have a place signification, hence the designation **local nouns**; but there are others also with a time signification, which belong to the same grammatical category, and are subject to the same rules.

The following is a list of the most important of these:—

Runga, *the top, the upper part.*
Raro, *the bottom, the under part.*
Roto, *the inside, the midst.*
Waho, *the outside, the exterior.*
Mua, *the front, the fore part.*
Muri, *the rear, the hind part.*
Waenga, waenganui, waengarahi, *the middle, the midst.*
Tua, *the other side* (of a hill, house, etc.).
Tātahi, *the sea shore* (as opposed to places inland).
Ūta, *the inland* (as opposed to *tatahi*).
Ūta, *the dry land, the shore* (as opposed to the water).
Tai, *the sea* (as opposed to the dry land).
Tahaki, *the shore* (as opposed to the water), *one side.*
Āianei, nāianei, *the present*
Aoake, *the day before, the day after.*
Karehā, *the day before yesterday, the day after tomorrow.*

Hea, whea, *what place, what time* (future).
Kō, *yonder place, the distant time.*
Kōnei, *this place* (near me).
Kōnā, *that place* (near you).
Reira, *that place* (before-mentioned).
Tāwāhi, tarawāhi, *the other side* (of a river or valley).
Nahea, *what time* (past).
Nanahi, *yesterday.*
Napō, *last night.*
Namata, *the past time, long ago.*
Nehe, neherā, *the ancient times.*
Pahaki, *the near distance.*
Raurangi, *another time, another day* (past or future).
Tahirā, *the day after tomorrow, the day before yesterday.*
Taitua, *the further side* (of a solid body).
Tawhiti, *the distance, a distance.*

§ 9. **Nominal particle.**—i. The particle a is used before the **names of persons** or **months*** and the pronouns **wai** and **mea**,

(a) When they stand as subject in a sentence, or are repeated by way of explanation.

Examples

He rangatira a Tāreha, *Tareha is a chief.*
E mahi ana a Turi, *Turi is working.*
Ka hoki taua tangata a Kupe, *The man, Kupe, returned.*

(b) When they follow any of the prepositions *ki, i, hei, kei;* but not when they follow *ko* (§§12, 37), or any of the prepositions *a, o, ma, mo, na, no, e, me.* (§§ 15, 16).

Examples

Kī a Titore, *to Titore.*
Kei a Wahanui, *in Wahanui's possession.*
Nō Paikea, *belonging to Paikea.*
Mā Ruatapu, *for Ruatapu.*

ii. It is used with *personal pronouns* (except *ahau*, though *au* follows the rule) only when they follow the prepositions *ki, i, hei, kei;* or when they are repeated by way of explanation; not ordinarily when they stand as subject in a sentence.

Examples

He kupu na Rangi ki a koe, *a word from Rangi to you.*
Haere mai ki ahau, *come to me.*
A wai? *Who?* A koe. *Thou.*

NOTE: The nominal prefix is generally unaccented; but when any of the singular personal pronouns, *au* (not *ahau*), *koe, ia,* thus follows one of the prepositions, *ki, i, hei, kei,* the pronoun is unaccented, and the accent is thrown back on *a*, thus Kei á ia. I á koe.

iii. It is also used with the *name of a place or a local noun* (§ 8), only when it stands as subject in a sentence, or is repeated by way of explanation.

* The names of the days of the week are treated like common nouns, but always take the definite article *te.*

Examples

He mānia a Kaingaroa, *Kaingaroa is a plain.*
A hea? A Kaingaroa. *What place? Kaingaroa.*
Ka wera a waho, *the outside is burnt.*

§ 10. **Ma.** When any person is spoken of in connexion with others whom it is not necessary to specify, put *ma* after the name, thus:
Kahutia mā, *Kahutia and his companions,* or *Kahutia and the others.*
Also when addressing more persons than one it may be used with the different forms of address, thus:
E hoa mā! *Friends!*
With the pronouns *wai?* and *mea* (§ 6) it makes a dual or plural.
A wai mā? *Who?* (pl.).
A mea mā, *such and such persons.*

§ 11. When a **number of persons** or **things** are enumerated **severally**, the particle or preposition that is used with the first should be repeated with each of those that follow.

Example

Ngā rangatira ō Rotorua, ō Rotoiti, ō Tarawera; *the chiefs of Rotorua, Rotoiti, and Tarawera.*

§ 12. When speaking of a **number of persons collectively** use a dual or plural pronoun, as the case may be, followed by the name or names of the additional persons, introducing each name with the **specific particle,** *ko;* but if the names are preceded by a preposition, the preposition will not be repeated.

Examples

Maua ko Ripi, *Ripi and I.*
Koutou ko Ripi, ko Maui, *You and Ripi, and Maui.*
Ki a korua ko Heke. *To you and Heke.*
When names are enumerated in the third person, one of the names must precede the pronoun unless one of them has been previously mentioned.

Examples

A Ripi rāua ko Haokai, *Ripi and Haokai.*
Ki ā Haokai ratou ko Ripi mā, *to Haokai, Ripi and the others.*
Ko wai mā ēra? Ko Ripi ratou ko Pau, ko Maui. *Who are those? Ripi and Pau and Maui.*

§ 13. When nouns are in **apposition** (*i.e.*, when a second noun is added to explain the first), repeat the preposition, etc., of the first noun with the second, and place the most general noun first, the most particular afterwards.

Example

Ma tōna tupuna, ma Pau, *for his grandfather Pau.*

In this example, *tōna tupuna* is a more general term than *Pau*, and it therefore stands first: and the preposition *ma* is repeated with the particular name, *Pau*.

§ 14. **Common Nouns** as **Adjectives.**—Any common noun may be used as an adjective, indicating *material, purpose, etc.* (§ 23).

Examples

He whare kowhatu, *a stone house.*
He rua kumara, *a pit for kumara.*
He tūnga whare, *a site for a house.*

3. Prepositions*

§ 15. **Simple Prepositions.**

A, *of, belonging to.* (§ 22).
 at, of future time: a hea? *at what time?*
 until
 after the manner of.
O, *of, belonging to,* passive of a. (§ 22).
 from, of place or time, denoting the starting point.

---

* These are placed here for convenience of reference, and may be learnt as occasion requires.

PREPOSITIONS

Na, *of, belonging to.* (§ 22).
    by, by means of, on account of, owing to.
    by, through, by way of, of direction.
    by, expressing emphasis on the agent. (§ 55).
No, *of, belonging to,* passive of na. (§ 22).
    from, of place, but not after verbs of motion.
    from, at, of time past.
Ma, *for.* (§ 22).
    by, by means of, on account of.
    by, through, by way of, of direction.
    by, expressing emphasis on the agent. (§ 55).
Mo, *for,* passive of ma. (§ 22).
    at, on, of time future.
    about, concerning, with a view to.
Ra, *by way of, through,* of direction.
E, *by,* of agent, only after passive verbs. (§§ 53, 56).
I, *by, with,* of agent or instrument, after participles, adjectives, and neuter verbs. (§ 69).
    by reason of.
    from, after verbs implying motion.
    at the time of, at the time that.
    with, in possession of, having in possession, past, or, in a negative clause, present. (§ 40 *f.*).
    with, in company with.
    at, in, on, of time, generally past.
    in comparison with, than.
    beyond.
    at, in, on, of place, mostly in time past, but in some cases, present. (§ 40 *f.*).
    in state of, in act of, in time past, or, in a negative clause, present (§ 40 *f.*), governing adjectives or verbs.
    to, with an infinitive after "learn".
    connecting a transitive verb with its object; no English equivalent. (§ 53).
Kei, *at, on,* of place, in time present; not used after verbs.
    with, in possession of, in time present.
    in state of, in act of, with adjectives or verbs in time present.

Hei, *at, on, like, as,* of place, or time, future; not used after verbs.
  with, in possession of, in time future.
  for, to serve as, to be, without any definitive; used with nouns, or with the infinitive of verbs.
Ki, *to,* of place, or with the infinitive of a verb of action (§ 50); *into, towards.*
  at, or *in,* of place in which a thing is done, etc., after verbs.
  at, after arrive, etc.
  with, of instrument.
  against.
  according to, concerning.
  for, in quest of.
  connecting a transitive verb with its object; no English equivalent. (§ 53).
Me, *with, in addition, and—too.*
Ko, *to, going to,* with nouns of place and infinitives of active verbs.
  at, of future time, or denoting intention.
To, *up to.*
Whaka, *towards.*

§ 16. **Complex Prepositions.**—These are irregular modes of using some of the local nouns enumerated in § 8.

Series 1

Ki runga ki,
I runga i,
Kei runga kei,
Hei runga hei
} *upon, on the top of.*

No runga no, *from upon,* i.e., *belonging to the top of.*
I runga i, *from upon,* with special idea of motion from.
Mo runga mo, *for the top of.*
Ma runga ma, *over, by the top of* (direction).
Ko runga ko, *to the top of.*

DEFINITIVES 19

SERIES 2

Ki runga i,
I runga i,
Kei runga i,
Hei runga i,
} *above, over.*

No runga i, *from above,* i.e., belonging to that situation.
I runga i, *from above,* implying motion from.
Mo runga i, *for above,* i.e., *to be above.*
Ma runga i, *by above, over* (of direction).
Ko runga i, *to above, over.*

In the second of these series *o* may be substituted for *i* after the local noun, in which case the construction will be regular.

Similar combinations may be made with *raro,* to signify *under, beneath, below,* etc.; with *roto,* to signify *in, into, inside,* etc.; with *waho,* to signify *without, outside, from without,* etc.

Mua and *muri* are only used in Series 2.

4. Definitives

§ 17. **Definitives** are those words which define or determine the force of the nouns to which they are applied. The name includes what are commonly called articles, demonstrative adjectives, possessive pronouns, and the possessive cases of nouns.

A definitive in Polynesian differs grammatically from an adjective in that it stands immediately before, while the adjective stands after, the word to which it refers.

In a Maori sentence every common noun will normally be preceded by a definitive, and by one only.*

§ 18. The **Definitives** in Maori comprise:—
   (a) The **articles,** te, pl. nga, *the;* taua, pl. aua,

* With the prepositions *hei,* for, to serve as, and *a,* after the manner of (§ 15), no definitive is used. Other exceptions are treated in an article in the *Journal of the Polynesian Society,* Vol. 38, p. 60.

the aforesaid, (§ 19); he, sing. *a, some,* pl. *some* or untranslated.

(b) The **indefinite pronouns**, tētahi, *one, a, certain, some*; pl. ētahi, *some, certain,* (§ 21).

(c) The **demonstrative adjectives**, (tēnei, *this*; tēna, *that*; tēra, *that, the other* (opposed to *this* or *that*); with their plurals, ēnei, ēna, ēra; and ia, *that,* (which has no plural). (§ 21).

(d) The **interrogative pronouns**, tēhea, pl. ēhea, *which*.

(e) The **possessive pronouns**, tāku, tōku, *my*; tāu, tōu, *thy*; tāna, tōna, *his, her*; and their plurals, āku, ōku, etc. (§ 6).

(f) The **possessives**, formed by using one of the particles, tā, tō, ā, ō, (§6), or the prepositions nā, nō, mā, mō, with a dual or plural personal pronoun, a local noun, (§ 8), the name of a person or place, or with a common noun which follows any of the definitives in the preceding classes except *he* in class (a). (See § 22).

Examples

Tōku whare, *my house*; ōku whare, *my houses*.
Ēnei kowhatu, *these stones*.
He whare, *a house,* or *houses*; he whare nōna, *a house of his*.
Tā Hamo kuri, *Hamo's dog*.
Tō tēnei tangata kainga, *this man's dwelling place*.

The possessive particles *ta* and *to* may be resolved into the article and preposition, thus *Te kuri a Hamo* is equivalent to *Ta Homa kuri*, and *Te kainga o tēnei tangata* is equivalent to *Tō tēnei tangata kainga*. Similarly in the plural we may say either, *A Hamo kuri*, or *Ngā kuri a Hamo*.

§ 19. Peculiarities of the **articles**.

(a) The articles, *te, ngā, taua, aua,* and *he* are used

DEFINITIVES

only as adjuncts standing before a noun. This usage distinguishes them from the other definitives, any of which may be used absolutely, standing alone as the principal or primary in a sentence. The demonstrative, *ia,* standing alone, is the personal pronoun for the third person singular.

Examples

Nāku tēnei, nāu tēna, *this is mine, that is yours.*
Nui kē atu tōu whare i tōku, *your house is larger than mine.*

(b) When a common noun is used to denote a class, as is often done in English by the use of the simple plural, use *te* in the singular, and not *he.*

Examples

He pai te kūkū hei kai, *pigeons are good for food.*
Te kūkū, *the pigeon;* i.e., *pigeons* in general.

(c) The use of *taua* or *aua* implies that the word to which it is applied has been mentioned before. It will generally be sufficiently translated by *the,* occasionally by *that.* It is sometimes used where the person or thing referred to, though not previously mentioned, is notorious or well known.

Examples

Kātahi ano taua tangata rā ka titiro whakatau atu, *then the man looked intently.*
Tūtaki ana i taua wahine nei e wero manu ana māna, *he met the* (well known) *woman who was spearing birds for herself.*

(d) never use *he* after a preposition, but substitute *tētahi.*

Examples

He tangata, *a man.*
Ki tētahi tangata, *to a man.*

§ 20. **Possessive Prepositions** following Definitives.

(a) When a possessive follows a noun preceded by *he* always use one of the prepositions *na* or *no,* never *a* or *o.*

Examples

He māra kumara nāku, *a kumara field of mine, or belonging to me.*

He whare no tēnei tangata, *a house belonging to this man, or of this man's.*

(*b*) When a possessive follows a noun preceded by any other definitive than *he*, always use one of the prepositions *a* or *o*, never *na* or *no*.

Examples

Te toki a Rita, *Rita's axe.*
Tēnei taha ōkū, *this side of me.*
Taua whare o Hamo, *that house of Hamo's.*

§ 21. The **demonstratives** *tēnei, tēna, tēra*, are equivalent to the article *te* and the adverbs *nei, na, ra,* respectively; and we may say indifferently *Tēnei tangata,* or *Te tangata nei.* So also in the plural; *Ēra whare*, may be replaced by *Ngā whare rā*. *Tēnei* denotes that the thing spoken of is near or in some way connected with the speaker; *tēna,* that it is near, or in some way connected with the person spoken to; *tēra,* that it is at a distance from, or unconnected with either the speaker or the person spoken to, and similarly with their respective plurals.

Ia is generally used distributively for *each,* both it and the noun being repeated. *Tēnei, tēna, tēra,* and *tētahi* may also be used in the same way.

Examples

Ia tangata, ia tangata, *each man.*
Tēnei rōpū, tēnei rōpū o rātou, *each company of them.*
I hoatu e ia he kai ki tētahi ki tētahi o rātou, *he gave food to each of them.*

Tēna may often be rendered by *this*, when the thing spoken of is contrasted with something at a distance, and not with an object near or connected with the speaker.

Tēra is often used in an emphatic way for the personal pronoun of the third person singular.

Example

Kua tae tēra ki Mokoia, *he has arrived at Mokoia.*

Tēnei, tēna, tētahi, tēra, and the possessives often stand alone, the noun being understood; *taua* is used with a noun.

Examples

Nāku tēnei, nāu tēna, *this is mine, that is yours.*
He rangatira taua tangata, *that man is a chief.*
Pai ke atu tāku i tā Turi, *mine is better than Turi's*
When contrast is implied, *tētahi,* with or without *atu,* means *another. Tētahi* may be repeated either with or without a noun, to signify *one* and *the other* or *another.*

Examples

Ki te pai ki tēnei tangata, e pai ana; ki te pai ki tētahi atu, e pai ana, *if you approve of this man, it is well; if you approve of another, it is well.*
Ko ngā tuākana ki tētahi taha, ko ia ki tētahi taha, *the brothers were at one side, and he at the other.*
Kua oti tētahi karakia, e whai ana ki tētahi, *when one spell had been finished, they followed with another.*

A further use of *tētahi* is to form a reciprocal, representing *one another* or *each other.*

Example

I titiro whakatau rāua tētahi ki tētahi, *they looked intently at one another.*

But, if there is no ambiguity, this is often expressed by the simple use of *rāua.*

Example

Kua kitekite noa ake rāua i a rāua, *they had seen one another freely.*

§ 22. **The difference between *a* and *o*,** which applies also to *nā, nō, mā, mō, tā, tō, tāku, tōku,* etc., is this: **ā** is used in speaking of (*a*) *transitive actions* including *works accomplished* or *in progress,* (*b*) *movable property,* *instruments,* (c) *food,* (d) *husband, wife, children, slaves, etc.;* ō in speaking of (e) *intransitive actions,* (f) *parts of anything, names, qualities,* (g) *feelings,* (h) *houses, land, canoes,* (i) *inhabitants,* (j) *water for drinking, medicine, clothes,* (k) *parents, and other relatives* (except husband **tane**, wife **wahine**, and children or grandchildren with their collaterals; but **uri** takes o), *superiors, companions* (including **hoa** when applied to husband or wife), also (l) *with derivative nouns* (§§ 58 and 68) of adjectives, participles, and intransitive verbs and with those of transitive verbs when they are used in a passive sense.

Examples

(a) Te tahunga ā Raumati i ā Te Arawa, *Raumati's burning of the Arawa (canoe).*

(b) Ngā tao ā Manaia, *Manaia's spears.*

(c) He kai māu, *food for you.*

(d) Te wahine ā Rua me āna tamariki, *Rua's wife and his children.*

(e) Tō rāua totohe ki ā rāua, *their contending with one another.*

(f) Te pakitara ō te whare, *the wall of the house.*

(g) Te aroha ō Kuiwai ki ā Manaia, *Kuiwai's love for Manaia.*

(h) Te whare ō Tinirau, *Tinirau's house.*

(i) Ngā tāngata ō tēnei motu, *the men of this island.*

(j) He wai mo Te Ponga, *some water for Te Ponga.*

(k) Ngā tūngane me ngā tēina ō tō rāua whaea, *the brothers and younger sisters of their mother.*

(l) Te hokinga ō Kupe ki Hawaiki, *Kupe's return to Hawaiki.*

Te tahungā ō Te Arawa e Raumati, *the burning of the Arawa (canoe) by Raumati.*

(m) Tāku ingoa (f) mōu, *my name for you* (i.e., *the name which I have given you*).

5. Adjectives

§ 23. Position. An adjective always stands *after* the noun which it qualifies.

Examples

He whare pai, *a good house.*
Tāna kuri nui, *his large dog.*

§ 24. By doubling the di-syllabic **root**, or sometimes only the first syllable of the root, of an adjective, the intensity of its signification is diminished, thus:
  Wera, *hot.*
  Werawera, *somewhat hot, warm.*
  Maroke, *dry.*
  Mārokeroke, *somewhat dry.*
  Pango, *black.*
  Papango, *somewhat black, dark.*

In the case of a few adjectives a plural is formed by doubling the first syllable of the root, thus:
  He rakau nui, *a large tree.*
  He rakau nunui, *large trees.*
  He tangata roa, *a tall man.*
  He tāngata roroa, *tall men.*

The simple form is, however, often used for the plural as well as the singular.

§ 25. Degrees of Comparison are expressed by the adverbs *atu*, or *ake*, for the comparative degree; *tino*, or *rawa*, with the definite article *te*, for the superlative degree. *Tino* or *rawa*, with the indefinite article *he*, forms an intense comparative. "Than" is expressed by *i*.

NOTE: *Tino* always stands *before* the adjective, and *rawa after it.*

Examples

He mea pai atu i tēna, *a better thing than that.*
Te mea pai rawa, *the best thing.*
He mea tino pai, *a very good thing.*
Te mea tino pai rawa, *the very best thing.*
He mea pai rawa i tēna, *a far better thing than that.*

§ 26. When two or more adjectives are used to qualify the same noun, repeat the noun with each, or substitute *mea* for the noun after the first time.

Examples

He whare kowhatu, he whare pai, *a good stone house.*
He kowhatu nui, he mea taimaha, *a large heavy stone.*

§ 27. **Abstract Quality** is expressed by the adjective treated as a noun, thus:

Pai, *good.*   Te pai, *the goodness.*
Roa, *long.*   Te roa, *the length.*

6. Numerals

§ 28. Table of Cardinal Numbers

Hia? *How many?*

1 Tahi, or Kotahi.
2 Rua.
3 Toru.
4 Wha.
5 Rima.
6 Ono.
7 Whitu.
8 Waru.
9 Iwa.
10 Tekau, or Ngahuru.
11 Tekau mā tahi.
12 Tekau mā rua.
13 Tekau mā toru.
14 Tekau mā wha.
20 Rua tekau.
21 Rua tekau mā tahi.
30 Toru tekau.
40 Wha tekau.
100 Kotahi rau.
101 Kotahi rau mā tahi.
123 Kotahi rau e rua tekau mā toru.
1000 Kotahi mano.
2001 E rua mano mā tahi.
2384 E rua mano e toru rau e waru tekau mā wha.

It is to be noted that, for the numbers from 10 to 19, "kotahi" is often expressed with "tekau" and that from 100 to 199 it is generally required with "rau". (See examples under §§ 29 and 30.)

§ 29. In **Counting** use *kā* before the numerals, thus: Kā hia? *how many?*
Kā tahi, *one*; kā rua, *two*; kā toru, *three*, etc.; kā tekau, *ten*; kā tekau mā tahi, *eleven*; kā rua tekau, *twenty*; kā kotahi rau kā rua tekau mā rima, *one hundred and twenty-five*.
In asking for any number of things use *kia* in the same way before the numeral, thus:
Mauria mai ētahi toki, kia rua, *bring two axes*.
Kia hia? *how many?* Kia rua, *two*.

§ 30. **With Nouns.** i. When used in immediate connexion with a noun, let *kotahi* stand for one, not *tahi*, and put *e* before the other numerals from two to nine.

Examples
He tangata kotahi, *one man*.
Ngā whare e toru, *the three houses*.
Ngā tao e wha tekau, *the forty spears*.
He waka kotahi tekau mā rua, *twelve canoes*.
Mo ētahi waka kotahi tekau mā rua, *for twelve canoes*.

ii. In speaking of *persons* the numerals from *rua* to *iwa* inclusive, the interrogative *hia*, and the adjective *maha*, have *toko-* prefixed instead of *e*.

Examples
Tokohia? *how many?* (*i.e.*, persons).
Ngā tāngata tokoiwa, *the nine men*.
He tokomaha rātou, *they are many*.
He tokoiti rātou, *they are few*.

§ 31. In using the numerals **distributively** prefix *taki-* to the simple numeral, thus:
Takirua, *by twos, two and two*.
Takitahi, *singly, or by ones*.

§ 32. **Ordinals** used **absolutely**, *i.e.* not in immediate connexion with nouns, are expressed by the simple numerals with *te*, thus:
Te tahi, *the first*.
Te rua, *the second*.
Te hia? *which in order?*

§ 33. When using an ordinal as an **adjective** in immediate connexion with a noun, prefix *tua-** to the simple numeral from one to nine, thus:
  Te tangata tuatahi, *the first man.*
  Te ope tuarima, *the fifth contingent.*
Above nine, without *tua-*, thus:
  Te tekau ō ngā manu, *the tenth of the birds,* or *the tenth bird.*
  Te rua tekau mā toru ō ngā whare, *the twenty-third of the houses,* or *the twenty-third house.*

7. Sentences without Verbs

§ 34. **Subject and Predicate.**—The Subject in a sentence is that of which anything is said.
The Predicate is that which is said of the Subject.

Examples

John is a boy. John runs. In both these "John" is the Subject: "a boy" and "runs" are Predicates.

The Subject and Predicate do not always occupy the same relative positions in English, for though the Subject is generally placed first, it is sometimes placed last. It will be sufficiently accurate for the purposes of this chapter to consider the Predicate identical with the most emphatic member of the sentence.

§ 35. **Substantive Verb.**—In English, when the predicate is not a verb, the verb "to be", commonly called the substantive verb, is used to connect the predicate with its subject. This verb has no equivalent in Maori, but the relation of subject to predicate is indicated by the use of certain particles and by the relative position of the different words in the sentence.

§ 36. In an **affirmative Sentence** the predicate stands first, and the subject after it; and two nouns, or an adjective and a noun, placed in these relative positions,

* This prefix may also be used with the interrogative *hia?*

SENTENCES WITHOUT VERBS

form a sentence although without a verb. In a negative sentence, this relative position is apparently (§ 39) reversed.

Sentences of this kind are made either with or without the **specific particle** *ko*.

§ 37. Use the **specific particle** *ko* when the predicate is either
  i. A proper name, or personal pronoun, a local noun (§ 8), or either of the interrogatives *wai*, or *hea*; or
  ii. A common noun with any of the definitives (§ 18) except *he*.

Examples

Ko ia tēnei, *this is he.*
Ko wai tōna ingoa? *what is his name?*
Ko Hamo tōna ingoa, *his name is Hamo.*
Ko tōku whare tēra, *that is my house.*
Ko hea tera maunga? *What is (the name of) that mountain?*

§ 38. Make a sentence **without** *ko* when the predicate is either
  i. A common noun (*a*), an adjective (*b*), or a verb in the infinitive (*c*), with the indefinite article *he*.
  ii. A noun, pronoun, verb, or adjective following a preposition (*d*).

In both these cases, the verb or adjective is treated as a noun.

(*a*) He whare pai tēra, *that is a good house.*
(*b*) He pirau ēnei kūmara, *these kumara are rotten.*
(*c*) He hanga i te whare te mahi a Horo, *Horo's work is to build the house.*
(*d*) Kei Tauranga a Turi, *Turi is at Tauranga.*
  Mo ratou tēna whare, *that house is for them.*
  Hei runga i te puke te whare, *let the house be on the hill.*

§ 39. When the **predicate** consists of **several words**, the most emphatic word generally stands alone in the place of the predicate, the rest being placed after the subject. This is the case when the predicate contains an explanatory or a relative clause, or a clause in any other way dependent on the principal word. This also accounts for the *apparent* reversing of the positions of subject and predicate in a negative sentence, the negation being the most prominent thing in such a sentence.

Examples

He tangata tēnei no Akaroa, *this is a man from Akaroa.*
Ko te tama tēra a Turi, *that is the son of Turi.*
He kai kei reira mā te tamaiti a Kuiwai, *there is some food there for Kuiwai's child.*
Ko te tangata tēra i kitea e ahau, *that is the man who was seen by me.*

§ 40. **Negative Sentences.**—(*a*) The negative of a sentence with *ko* (§ 37), is always made with *ehara..i*, *ko* being dropped.

Examples

Aff. Ko ia tēnei, *this is he.*
Neg. Ehara tēnei i a ia, *this is not he.*
Aff. Ko te whare tēra, *that is the house.*
Neg. Ehara tēra i te whare, *that is not the house.*

(*b*) When the predicate in the corresponding affirmative sentence is a common noun, an adjective, or a verb in the infinitive, with the indefinite article *he* (§ 38, *a*, *b*, *c*), the negative is made with *ehara..i*, and *te* is substituted for *he*.

Examples

Aff. He whare pai tēra, *that is a good house.*
Neg. Ehara tēra i te whare pai, *that is not a good house.*
Aff. He pirau ēnei riwai, *these potatoes are rotten.*
Neg. Ehara ēnei riwai i te pirau, *these potatoes are not rotten.*

SENTENCES WITHOUT VERBS

Aff. He tuakana ia nōku, *he is an elder brother of mine.*

Neg. Ehara ia i te tuakana nōku, *he is not an elder brother of mine.*

When the predicate in the corresponding affirmative sentence is a noun, adjective, or verb, following a preposition (§ 38, *d*), the following constructions are used:—

(*c*) If the preposition in the affirmative sentence is *na* or *no*, the negative is made with *ehara* .. *i*, and the preposition is dropped.

Examples

Aff. Nō Turi tēra whare, *that house belongs to Turi.*

Neg. Ehara i a Turi tēra whare, *that house does not belong to Turi.*

(*d*) If the preposition is *mā* or *mō* signifying *for*, use *ehara i te mea*, retaining the preposition.

Examples

Aff. Mō Turi te whare, *the house is for Turi.*

Neg. Ehara i te mea mō Turi te whare, *the house is not for Turi.*

(*e*) If the preposition is *hei* signifying *at*, or *in possession of* (§ 15), use *kauaka*, retaining the preposition.

Aff. Hei te taha o te huarahi te taiepa, *let the fence be at the side of the road.*

Neg. Kauaka hei te taha, etc., *let not the fence be*, etc.

(*f*) If the preposition is *kei* or *i* (§ 15), signifying *at*, or *in possession of*, use *kahore* for the negative, with the preposition *i* only, and never *kei*.

Kei hea te tahā? Kahore i konei. *Where is the calabash? It is not here.*

Aff. Kei a Turi te taura, *the rope is in Turi's possession.*

Neg. Kahore i a Turi te taura, *the rope is not in Turi's possession.*

Aff. I a wai tēra kainga? *Whose was that place?*

Neg. Kahore i a waitahā. *It was not Waitaha's.*

§ 41. The use of an interrogative adverb, as *ianei, koia, oti, rānei*, or of one of the words, *wai*, who, *tehea*, which, *aha,* what, *pehea,* of what sort, *hea,* what place, or *hia,* how many, makes a sentence essentially interrogative. Otherwise an interrogative is indicated solely by the tone of the voice, the form of the sentence, whether with or without a verb, being unaltered.

Examples

Noū tēna potae, *that hat is yours.*
Noū tēna potae? *is that hat yours?*
Kahore au toki māku, *you have no axe for me.*
Kahore au toki māku? *have you no axe for me?*
Na wai tenei māra? *whose is this cultivation?*
He kai rānei kei roto i te whare? *Is there any food in the house?*

NOTE: i. If a question in Maori is cast in the negative form, the answer, *ae* or *kahore,* is by strict Maori idiom to be regarded as assenting to or dissenting from the statement involved in the question, and must, in accordance with English idiom, be translated *no* and *yes* respectively.

Example

Kahore āu toki māku? *Have you no axe for me?*
  Kahore, *yes.* (That is, the suggestion that there is no axe is incorrect.)

But a modern Maori would probably use the English idiom and reply, Ae, meaning *Yes.*

NOTE: ii. In asking a person's name *wai* is always used, never *aha.* Similarly, *hea* is used in asking the name of a place.

Ko wai te īngoa ō te tamaiti? *What is the child's name?*
Ko hea tēra maunga? *What is that mountain?*

§ 42. The **Time** of these "sentences without verbs" may, as far as the form of the sentence is concerned, be past, present, or future. When it is not shown by the essential meaning of any of the words it must be gathered from the context. If no clue to the time is given, what is said will be understood in *present* time. For the indications of time in the case of the prepositions *hei, i,* and *kei* refer to § 15.

8. Verbs

§ 43. **Inflexions.** The Maori verb has no true inflexions, but the Passive Voice is formed by adding a passive termination to the Active form (§ 51), while another termination forms the verbal noun (§ 58).

§ 44. Differences of **Tense** are denoted by auxiliary particles, *e, ana, kua, i, ka,* the same form in each case serving for all persons and numbers. Particular attention must be given to the use of the negative adverbs, which cannot be used indiscriminately, and also to the fact that, in the negative form of the Perfect, *kua* is changed into *kia*.

§ 45. The condition or state of the action denoted by the verb is expressed as follows:—

(a) The Indefinite form of each tense denotes the Present, Past or Future in its simplest form, the actual time of the action being determined by the context or by a word in the sentence indicative of time;

(b) the Continuous or Imperfect form denotes that the action is still continuing or is imperfect in the Present, Past or Future;

(c) the Perfect form denotes that the action is completed or perfect whether in the Present, Past or Future.

It must be understood that the **tenses** of a Maori verb indicate the condition of the action, but do not, except in the case of the Past Indefinite and the Future, connote a time relationship. The Indefinite, Imperfect and Perfect may have a past, present, or future reference according to the context.

Examples
Present Indefinite
Ka huihui ngā tāngata,
the men assemble.

Present Continuous
  E huihui ana ngā tāngata,
  the men are assembling.
Present Perfect
  Kua huihui ngā tāngata,
  the men have assembled.
Past Indefinite
  I huihui ngā tāngata,
  the men assembled.
Past Continuous
  E huihui ana ngā tāngata īnanahi,
  the men were assembling yesterday.
Past Perfect
  Kua huihui ngā tāngata īnanahi.
  the men had assembled yesterday.
Future Indefinite
  E huihui ngā tāngata āpopo,
  the men will assemble tomorrow.
  Tēra rātou e huihui āpopo,
  the men will assemble tomorrow.
Future Continuous
  Āpopo e huihui ana rātou,
  they will be assembling tomorrow.
Future Perfect
  Āpopo kua huihui rātou,
  they will have assembled tomorrow.

i. INDICATIVE MOOD

§ 46. The following scheme shows the formation of the Maori Verb in the Active Voice, in affirmative and negative sentences, using the verb **karanga**, to call:—

Present

Indefinite tense (Particle Ka)
  Ka karanga ahau, *I call.*
  Kahore ahau e karanga ana, *I do not call.*
Continuous tense (Particle E .... ana)
  E karanga ana ahau, *I am calling.*
  Kahore ahau e karanga ana, *I am not calling.*

VERBS

Perfect tense (Particle Kua)
Kua karanga ahau, *I have called.*
Kahore ahau kia karanga, *I have not called.*

Past

Indefinite tense (Particle I)
I karanga ahau, *I called.*
Kihai (kahore) ahau i karanga, *I did not call.*
Continuous tense (Particle E.... ana)
E karanga ana ahau (īnanahi), *I was calling (yesterday).*
Kahore ahau e karanga ana īnanahi, *I was not calling yesterday.*
Perfect tense (Particle Kua)
Kua karanga ahau (i mua), *I had called (before).*
Kahore ahau kia karanga (i mua), *I had not called (before).*

Future

Indefinite tense (Particle E or tera.... e)
E karanga ahau (tera ahau e karanga), *I shall (will) call.*
E kore ahau e karanga (tera ahau e kore e karanga), *I shall (will) not call.*
Continuous tense (Particle E.... ana)
(Āpopo) e karanga ana ahau, *(Tomorrow) I shall be calling.*
Kahore ahau e karanga ana (āpopo), *Tomorrow I shall not be calling.*
Perfect tense (Particle kua)
(Āpopo) kua karanga ahau, *(Tomorrow) I shall have called.*
Kahore ahau kia karanga (āpopo), *(Tomorrow) I shall not have called.*

It must also be noted that the particle *ka* used to form the Present Indefinite, may be used also in conjunction with some word indicative of time, to form a **future** or **prospective present** as it may be called, thus:—

Ka karanga ngā wāhine āpopo, *the women (will) call tomorrow.*

Ka huihui ngā tamariki a te Mane, *the children (will) assemble on Monday.*

Ka timata te mahi ā tera wiki, *the work begins next week.*

It is also used to secure greater vividness in narration of past events—the **historical present,** e.g.,

Ka waenganui pō, ka haere iho rāua, ka puta āke tō rāua whaea, ka noho rātou i te whatitoka, *it is midnight, they come down, their mother appears, they sit at the doorway.* (Ngā Mahi ā ngā tupuna).

There is also a **narrative past.** This is formed by placing **ana** after the verb:

Karanga ana ngā tāngata, *the men called.*
Haere ana a Tawhaki, *Tawhaki departed.*

ii. Imperative Mood

§ 47. The Imperative Mood is used to express commands, precepts or requests. It is generally used in the second person but, in speaking of parts of the body, the third person takes its place as if those parts themselves are doing the action.

If the verb is a word of one syllable or two, or if the verb is negative, the particle *e* is placed before it, otherwise the verb is used alone. There are six ways of forming imperatives in Maori:

(1) With *e* as in ē noho, *sit;* ē tū, *stand;* ē ara, *awake;* ē moe, *sleep.*

(2) Without *e* as in karanga, *call;* whakatika, *arise;* whakarongo, *listen.*

(3) By using the passive; karangatia, *call;* puritia, *hold;* kūmea, *pull;* pūhia, *shoot.*

(4) By prefixing kia, *let;* kia kaha, *be strong;* kia tere, *be quick;* kia toa, *be brave.*

(5) By using *me*: mē karanga ahau, *let me call;* mē noho, *please sit down;* mē haere tāua, *let us go.*

(6) With parts of the body: Hāmama tōu waha, *open your mouth;* titiro ōu konohi, *open your eyes;* totoro ōu ringa, *stretch out your hands.*

To form the Negative of the Imperative, the particles **kauā e** or **kei** are placed before the Verb: kauā e karanga, *don't call*; kauā e tangi, *don't cry*; kauā e whakamā, *don't be shy*.

Kei taka, *don't fall*; kei titiro iho, *don't look down*; kei hopu ki te aka taepa, *don't grasp the loose vine*.

iii. Infinitive Mood

§ 48. There is no Infinitive Mood in Maori as in English. The Verb is treated as a Noun and can be preceded by any demonstrative word or a possessive, and can be governed by a preposition or a transitive verb: *he karanga, te karanga, tāna karanga, ki te karanga*, etc.

Examples

He aha tāna? He pupuri i tōu hoiho, *What is his (object)? To hold your horse.*
E haere ana ia ki te mahi, *he is going to work.*
Kei te pupuri ahau, *I am holding.*
I te pupuri ahau, *I was holding.*
Kei te aha ia? *What is he doing?* (*What is he at?*)
Kei te mahi ia, *He is at work.*

With the preposition **kei**, the infinitive is used to form a present imperfect tense and with **i** it forms a past imperfect:—

Kei te karanga ngā tāngata, *the men are calling (a calling).*
Kei te horoi kākahu a Mere, *Mary is washing clothes.*
Kei te hī ano ratou, *they are still fishing.*
I te karanga ngā tāngata, *the men were calling.*
I te takaro ngā tamariki, *the children were playing.*
I te moe te tamaiti, *the baby was sleeping.*

iv. Subjunctive Mood (Conditional Clauses)

§ 49. There is no inflexion of the Maori Verb as in English to form the Subjunctive. Conditional clauses are introduced by *mehemea* and *me* which imply that the contrary to the condition expressed is the fact, while *ki te mea* and *ki te* imply simple uncertainty, thus:—

Present Indefinite
    Ki te mea ka karanga ahau, *If I should call.*
    Ki te mea ka kore ahau e karanga, *If I should not call.*

Continuous
    Mehemea (*or* me) a karanga ana ahau, *If I were calling.*
    Mehemea (*or* me) kahore ahau e karanga ana, *If I were not calling.*

Perfect
    Mehemea kua karanga ahau, *If I have* (*or had*) *called.*
    Mehemea kahore ahau kia karanga, *If I had not called.*

Past Indefinite
    Mehemea (*or* me) i karanga ahau, *If I called.*
    Mehemea kihai (*or* me i kahore) ahau i karanga, *If I did not call.*

Future
    Ki te karanga ahau, *If I should call.*
    Ki te kore ahau e karanga, *If I should not call.*

To express a purpose or a wish, the particle **kia** is used:—

    Ka karangatia rātou kia haere mai, *They are called that they should come hither.*
    Kia ora tonu koe, *May you live long.*
    Ka tū ki runga kia kite ia, *He stood up that he might see.*

For *lest* or *that* . . . . *not* the particle **kei** is used:—
    Kia tupato kei taka, *Take care lest you fall.*
    Kia ata haere kei maminga to hoa, *Go gently lest your enemy awake.*
    Kia tere kei araia e te tai, *Hurry, lest you should be caught by the tide.*

§ 50. **Uses of Subjunctive and Infinitive.**—After a word expressing (*a*) *eagerness, desire, intention* to do anything, and (*b*) after one signifying *go, come, stay,* etc., and (c) after *teach*, use the **infinitive** with the preposition *ki*; (d) after *learn*, use the **infinitive** with the preposition *i*; but (e) after a word expressing *request, command, advice, consent,* or *permission* to another person to do anything, use the **subjunctive** with **kia**. (f) In a clause expressing *the object in view*, use the **subjunctive** followed by the particle *ai*.

Examples

(a) E hiahia ana rātou ki te haere, *they desire to go*.

(b) E noho ana ia ki te hanga i te taiepa, *he is staying to make the fence*.

(c) Na wai koe i whakaako ki te whakairo rākau? *Who taught you to carve wood?*

(d) E ako ana tāku tamaiti i te tuhituhi, *my child is learning to write*.

(e) I kī mai ia kia haere ahau, *he told me to go*, or *he said that I should go*.
I tuku ahau i a ia kia haere, *I allowed him to go*.

(f) I haere mai ia īnanahi kia kite ai ia i a Te Hau, *he came yesterday in order that he might see Te Hau*.

§ 51. **Passive Voice.**—The passive voice is formed generally by the addition of one of the following terminations to the active: *-a, -ia, -hia, -kia, -mia, -ngia, -ria, -tia, -whia, -na, -nga, -ina, -hina, -kina, -rina, -whina, -hanga*. Thus:—

poro	forms	poroā	tiki	forms	tikina
ki	,,	kiia	aroha	,,	arohaina
waru	,,	waruhia	roko*	,,	rokohina
moto	,,	motokia			*or* rokohanga
aru	,,	arumia	tātā	,,	tātākina
rere	,,	rerengia	whakaatu	,,	whaka-
mau	,,	mauria			aturia *or*
awhi	,,	awhitia			whakaaturina
whawhao	,,	whaowhia	hapai	,,	hapainga
		or whaowhina	kai	,,	kainga

* Not used in the active.

Of these terminations *nga* appears to be used only with verbs ending in *ai*,* *mia* only with those ending in *o* or *u*, and *ina* only with those ending in *a*; but in all these cases other terminations also are used. For the rest it is questionable whether any rule can be formulated. Usage varies so much in different parts of the country that it appears to be a mere matter of custom, some regard being had to euphony. In a few cases the consonant of the termination represents the final consonant of the primitive root; but this fact is of no assistance to the beginner, and it will be advisable then, to learn the passive in each case with the active. Verbs which have the first syllable doubled in the active generally drop the repetition in the passive; thus *pupuri* becomes not *pupuritia*, but *puritia*. In a few of these cases the vowel is lengthened, as *tāria* from *tatari*.

§ 51. 1. The passive termination *tia* may be used with a noun, adjective, or participle to indicate a change to the thing or condition which the simple word signifies.

Examples
Ka tamahinetia, ka wahinetia ia, *she grew to girlhood and womanhood.*
Aua e taparurutia te haere, *do not let the rate of travelling become slow.*

The passive termination may also be used with a noun to denote the bringing of the subject of the sentence under the action of what is represented by the noun.

Examples
Kei pōngia matou, *lest we be benighted.*
Ka ūaina rātou, *they were rained upon.*

This construction may even be extended to a clause, as: Ma te matapihitia, *let it be passed through the window,* from ma te matapihi, *through the window.*

§ 52. **The Tenses** of the different moods in the **passive voice** are formed in the same way as in the Active, the

* Except the irregular form *meinga* from *mea*.

passive form of the verb being substituted for the active —*karangatia* for *karanga*.

The Imperative Passive, unlike the Imperative Active, seldom refers to the second person, but more commonly to the first or third person, the command at the same time being addressed to the second person (§ 47).

Examples

Kauā ahau e whakarerea, *let me not be left (by thee)*; i.e., *do not leave me!*
Puritia tenei taura! *be this rope held (by thee)*, i.e., *hold this rope!*

§ 53. **Transitive Prepositions, etc.**—Every transitive verb in Maori is connected with its object, or the thing acted upon, by either of the preposition *i* or *ki*; some verbs requiring one, some the other, and some again taking either. These prepositions may in some cases be translated by an English preposition; but in most cases they merely represent the connexion between the verb and its object, and may therefore be called transitive prepositions.

It is difficult to formulate a rule for the use of these prepositions, but it will be found that *i* is the one generally used. The more important verbs which take *ki* are noted in the English-Maori Vocabulary, pp. 97-120.

Every passive verb is connected with the **agent** by the preposition *e*, '*by*'; adjectives and participles by *i* (§ 66).

The **instrument** requires the preposition *ki*, 'with'.

Examples

E tiki ana ia i tetahi kai māna, *he is fetching some food for himself.*
E mātau ana ahau ki taua tangata, *I know that man.*
I mahia e wai? *by whom was it done?*
Kua topea te rākau ki te toki, *the tree has been felled with an axe.*
Kua pau i te manu ngā hua, *the fruit has been consumed by birds.*
Kua pakaru te whare i te hau, *the house has been broken by the wind.*

§ 54. **Uses of Active and Passive.**—The Passive Voice is generally used when the *action* is emphatic rather than the *agent*, and therefore in the case of transitive verbs it is more frequently required than the Active Voice. But when a transitive follows an intransitive verb expressing an action consequent upon it, both verbs will be in the active voice.

Examples

I mauria e ia te kaheru, *the spade was taken by him*, i.e., *he took the spade*.
Ka haere ahau ka mau i tāku toki, *I will go and take my axe*.

NOTE: The Maori language allows of the use of an intransitive verb in the passive, but in such a case a preposition will generally have to be added in English to make the sense complete.
Noho, *sit*. Nohoia, *be sat upon*.
Kihai tera wahi i whitingia e te ra, *that place was not shone upon by the sun*.

§ 55. **Agent Emphatic.**—When special emphasis is to be laid on the *agent* an irregular construction is used, the preposition *na* being placed before the subject for past time, and *ma* for future. In sentences of this kind the subject, being the most emphatic member of the sentence, stands first, and the object either before or after the verb, but without any transitive preposition, the verb being in the active. This construction is not properly used with neuter verbs.

Examples

Nāku i pupuri tēna tangata, *or* Nāku tēna tangata i pupuri, *I detained that man*, i.e., *it was I who detained him*.
Ma Horo e hanga he whare mōu, *or* Ma horo he whare mōu e hanga, *Horo shall build a house for you*.

§ 56. **Imperative Future.**—Another irregular construction is the formation of what may be called the **imperative future** with *me*, in which the verb is active in form but passive in sense. This construction is never used with a negative.

Examples

Me kawe e koe tāku toki, *you shall carry my axe* (or, *my axe must be carried by you*).

I mahara ahau me patu tenei manu, *I thought that this bird was to be killed.*

§ 57. **The Causative Prefix,** *whaka-,* may be used:—

i. With a verb, adjective or participle (§ 66), to form a verb signifying the attempt at, beginning of, or approach to the action or condition indicated by the root word.

Examples

Nā ka whakawhiti a Kupe i te moana o Raukawa, ā ka whiti. *Then Kupe set about crossing the straits of Raukawa, and crossed over.*

Po rua a Tukutuku e whakatata ana ki a Paoa, kihai i tata, *For two nights Tukutuku was trying to get near to Paoa, but did not succeed.*

ii. With a noun to form an intransitive verb signifying the assumption of the character or form appropriate to the noun.

Examples

Kua whakatangata taua kukupa, *The pigeon had assumed the form of a man.*

Ka mea a Wairaka, kia whakatane ake ahau, *Wairaka said I must play the part of a man.*

iii. With a verb, adjective, participle (§ 66), or noun to form a causative verb, generally transitive. Thus, *whakamahi*, cause to work; but *whakakite*, cause to be seen.

Examples

Ka mea ngā hoa kia whakarerea ngā kahu, *His companions told him to discard his clothes.*

Kia nunui ngā tao, kaua e whakaririkitia, *Let the spears be large, don't make them small.*

Whakamau te titiro ki te kapua rere mai, *Fix your gaze on the cloud flying hither.*

Hei konei au whakamau ai, *I will remain established here.*

Katahi ano a Rupe ka whakakukupa i a ia, *Then Rupe made himself into a pigeon.*

Of course these compounds with *whaka-* may, like other words, be used otherwise than as verbs.

Examples

Ka puta whakarere mai te hau, *The wind sprang up suddenly.*

Ka nui rawa te whakama o Paoa, *Paoa's shame was very great.*

§ 58. **Derivative and Verbal Nouns** are formed—

i. From transitive verbs, by prefixing *kai*, to denote the *agent*, thus:

Hanga, *make.* Kaihanga, *maker.*

ii. From verbs generally, by adding as a suffix one of the terminations, *-nga, -anga, -hanga, -kanga, -manga, -ranga, -tanga, -inga,* as:—

mahinga	from	mahi	ngaromanga from ngaro	
nohoanga	,,	noho	tūranga ,, tū	
tirohanga	,,	tiro	pūritanga ,, pūpuri	
tomokanga	,,	tomo	kāinga ,, kā	

The termination suitable to any particular verb will, as in the case of the passive, have to be learnt; but it will be noticed that in many cases it bears some relation to the passive termination (§ 51), thus:—

titiro	tirohia	tirohanga
motu	motukia	motukanga
tanu	tanumia	tanumanga
mau	mauria	mauranga
pūpuri	pūritia	pūritanga

A few verbs preserve an ancient verbal suffix, *hi* or *ki*; and these form the verbal noun direct from the root; as, *arahi, arahanga; rumaki, rumakanga.*

VERBS

The noun thus formed denotes the (*a*) *circumstance*, (*b*) *time*, (*c*) *place*, or (*d*) *purpose* of the action expressed by the verb. In the case of a transitive verb the noun may be used in either the active or the passive sense. (§ 22 *a, l*).

Examples

(*a*) Mo tāku patunga i tāna tamaiti, *on account of my striking his child.*

(*b*) I tōna taenga atu, *at the time of his arrival*, or, *when he arrived.*

(*c*) Ko te tūranga tēna o Horo, *that is the place where Horo stood.*

(*d*) Tēnā etahi purapura hei whakatokanga māū, *there is some seed for you to plant.*

§ 59. **An Intransitive Compound Verb** may be formed by treating a transitive verb and its object grammatically as one word, thus:

E tope rakau ana a Turi, *Turi is felling trees* (or *tree-felling*).

§ 60. **Interrogative Verbs.**—The interrogatives *aha*, '*what*', and *pehea*, 'of what nature', may be used as verbs; *aha*, to ask what a person is doing, or what is being done; and *pehea*, to ask how a person is acting, or in what way a thing is being done. In rendering into English another word will often be needed to complete the sense.

For other interrogative sentences see § 41.

Examples

E aha ana ia? *what is he doing?*
I ahatia te kuri? *what was done to the dog?*
I peheatia e ia te waka i mānu ai? *How was the canoe [treated] by him that it floated?* or, *How did he get the canoe afloat?*
Ka pehea koe a tōnā taenga mai? *How shall you* [*act*] *on his arrival?*

I pehea mai ia ki tāū kī? *How did he [answer] what you said?*
Me pehea tēnei? *How is this to be [treated]?*

§ 61. **Adjectival phrases.**—A verb, active in form but active or passive in sense, may be used, with or without an object or indirect object, to form a phrase qualifying a noun.

Examples
He kararahe kai tangata, *a man-eating beast.*
Te hoiho e here mai ra, *the horse tied yonder.*

Descriptive details will sometimes be introduced by the use of *he mea* with a construction similar to the above.

Examples
Ko te matamata he mea tahu ki te ahi, *the point having been set on fire.*
He mea heru te mahunga, *the head having been dressed with a comb.*

§ 62. In speaking of **movements** of different parts **of the body**, the member spoken of in each case is regarded as the agent, and is spoken of, or addressed, as if it were capable of independent action, the verb being, of course, intransitive.
Hamama tōū mangai, *open your mouth.*
Kua totoro tōna ringaringa, *he has stretched out his hand.*

§ 63. **Doubling the di-syllabic root** of a verb gives it a frequentative force. Doubling the first syllable only often gives intensity; but sometimes it denotes reciprocal action.

Examples
Kimo, *wink the eyes.*
Kimokimo, *wink frequently.*
Kikimo, *keep the eyes firmly closed.*
Patu. *strike.* Papatu, *strike against one another: clash.*

§ 64. **The Verb** *ai*, 'there is,' 'it is,' etc.

Indicative

1. Imperfect

E ai ki tāna, *or* E ai tana, *according to his (saying) it is*, i.e., *he says*.
E ai ta wai? *Who says so?*

2. Present Indefinite

Ka ai he toki māna, *there is an axe for him*, i.e., *he has an axe*.

Subjunctive

1. Imperfect

Me e ai ana he toki, *if there were an axe*.

2. Future (contingent)

Ki te ai he toki, *if there should be an axe*.

3. Future (consequential)

Kia ai he toki, *let there be an axe*, i.e., *when*, or, *as soon as there is an axe*.

4. Future (deprecatory)

Kei ai he toki, *lest there should be an axe*.

§ 65. The Verb '**to have**' having no equivalent in Maori its place is supplied by the following expedients:

i. By the use of one of the possessive particles, *tō, tā, ō, ā,* with a pronoun, noun, or proper name (§§ 6, 18); the time (past, present, or future) being gathered from the context.

Examples

He patu tāna, *he has a weapon*, or, *he had a weapon*.
Kahore ā Ripi patu, *Ripi has*, or, *had no weapon*.

ii. By the use of the prepositions *kei, i, hei,* respectively for present, past, and future. (§ 40, *f*).

Examples

Kei ahau tāu kaheru, *I have your spade*, or, *your spade is in my possession*.
Kāhore i ahau tāu kaheru, *I have not your spade*.
I a ia tōku waka, *he had my canoe*.
Kahore i a ia te waka, *he had not the canoe*.
Hei a Ripi te kuri, *Ripi shall have the dog*, or, *let Ripi have the dog*.
Kauaka hei a Ripi te kuri, *let not Ripi have the dog*.
Mehemea i a ia te taura, kua mauria e ahau, *if he had had the rope I should have taken it*.

iii. By using the verb *ai* (§ 64) followed by the preposition *ma* or *mo*; but this use is permissible only when the noun is preceded by the definitive *he*.

Examples

Ka ai he toki māna, *he has an axe*, or *there is an axe for him*.
Me e ai ana he whare mōu, *if you had a house*, or *if there were a house for you*.

iv. By using the adjective *whai*, which signifies *possessing*, the thing possessed being used as another adjective qualifying *whai*.

Kua whai whare ranei koe? *have you a house?*
(literally *have you become house-possessing?*)

9. Neuter Verbs

§ 66. There is a class of words which, for convenience, may be called **participles** or **verbal adjectives**. These are not regularly derived from verbs, as in European languages, but are of independent origin, though participial in meaning.

The most important of the participles are the following:—

ea, *avenged, paid for*.
hemo, *consumed*.
mahiti, *spent, exhausted*.

pakaru, *broken, shattered*.
pau, *consumed*.
peto, *consumed*.

NEUTER VERBS

mahu, *cicatrized*.
mahue, *left behind*.
mākona, *satisfied*.
marara, *scattered, separated*.
marū, *bruised, crushed*.
matara, *untied*.
mau, *fixed, caught*.
mauru, *quieted*.
motu, *severed, broken* (as cord).
mutu, *ended, cut short*.
oti, *finished, completed*.
pā, *struck*.
poro, *cut short, truncated*.
poto, *all dealt with*.
rato, *provided, served*.
riro, *happened, obtained, gone*.
rūpeke, *all dealt with, completed, assembled*.
takoki, *sprained*.
taui, *sprained*.
tū, *wounded*.
ū, *established, fixed*.
whara, *struck*.
whati, *broken* (as a stick).

These Participles are treated as **neuter verbs**, as also are adjectives, when they do not express the intrinsic or essential quality of a thing. It will be seen by the following example of the adjective *ora*, 'well, in health', that the notion of *becoming*, which is peculiar characteristic of the inceptive, appears also in some of the other tenses.

The imperfect tense with *e..ana* is not used with participles, all of which imply a completed condition.

§ 67. The chief tenses of the **Indicative** are as follows:—

1. Present Indefinite

Ka ora ahau, *I am* (or *shall be*) *well*.
Ka kore ahau e ora. *I am not* (or *shall not become*) *well*.

2. Imperfect

E ora ana ahau, *I am well*.
Kahore ahau e ora ana, *I am not well*.

3. Perfect

Kua ora ahau, *I have become well*.
Kahore ahau kia ora, *I have not become well*.

4. Past Indefinite

I ora ahau, *I was well,* or *became well*.
Kihai ahau i ora, *I was not well* or *did not become well*.

5. Future

E ora ahau, *I shall be* (or *become*) *well*.

E kore ahau e ora, *I shall not be* (or *become*) *well*.

For the **Subjunctive** refer to § 49.

§ 68. **Derivative Nouns** are formed from adjectives and participles by adding as a suffix, *-nga*, or *-tanga*, to denote the circumstance, time, or place of the condition expressed. Compare § 58.

§ 69. Construction with **Adjectives** and **Participles**.—Adjectives and Participles, and their derivative nouns are followed by the preposition *i*, 'by' (not *e*, which belongs only to passive verbs), to denote the agency or instrumentality by which the effect has been or is to be produced.

Examples

Kua ora ahau i tāū rongoa, *I have become well by means of your medicine.*

Ka pau tāna kai i te kuri, *his food is consumed by the dog.*

Tōna mahuetanga i a rātou [*the circumstance of*] *his being left by them.*

§ 70. **Explanatory Verb.**—Sometimes a verb in the infinitive mood is added to a participle, adjective, or verb by way of explanation. If the explanatory verb is active the preposition indicating the agent will be different according as the agent is placed after the participle, or after the verb. If after the participle, it will be *i*; if after the verb, it will be *e*.

Examples

Ka pau te paraoa i te kuri te kai, *or,* Ka pau te paraoa te kai e te kuri, *the bread is eaten up by the dog* (*is consumed by eating*).

Kia hororo taua te haere, *let us travel quickly* (lit., *let us be quick in travelling*).

10. Relative Clauses

§ 71. There are no **Relative Pronouns** in Maori. Their place is supplied either by the position of the words forming the relative clause; or by the personal pronoun of the third person singular; or, again, by the use of certain particles.

§ 72. Who, Which.—When the relative pronoun in English is the *subject* of the relative clause:

i. The predicate of the relative clause may be placed immediately after the antecedent without any expressed subject, and may be followed by one of the adverbs, (*a*) *nei*, (*b*) *na*, or (*c*) *ra*; according as the thing spoken of is near, or connected with, (*a*) the speaker, (*b*) the person spoken to, or (*c*) neither; but if one of these adverbs is used, and the verb is imperfect, *ana* must be omitted.

Examples

Te tangata e hanga whare ana, *the man who is house-building.*

Te waka i kitea e tāua, *the canoe which was seen by you and me.*

Te tamaiti i korero mai ra ki a tāua, *the boy who spoke to us.*

Te rakau e tū ra i runga i te puke, *the tree which stands on the hill.*

ii. If the relative clause is past or future, the construction mentioned in § 55 may be used; the pronoun of the third person singular serving *for all persons and numbers.*

Examples

Te tangata nāna nei i patu toku matua, *the man who killed my father.*

Ko ngā tāngata ēnei nāna i tahu te ngahere, *these are the men who set on fire the forest.*

Ko te tohunga koe māna e hanga te whare, *you are the skilled man who shall build the house.*

iii. If the relative pronoun has a common noun joined to it, the definitive *taua* (pl. *aua*) is used to represent it.

Examples

E tu tonu nei taua whare, *which house is still standing.*
I noho ra ratou ki aua wahi, *which places they occupied.*

§ 73. **Whom, or which.**—When the relative in English is the *object* of a verb or is governed by one of these prepositions: *by, on, at, in, with, by-means-of, on-account-of, by-reason-of,* the verb in the relative clause is followed by *nei, na, ra,* or *ai,* without a preposition; and in the imperfect tense *ana* after the verb is omitted. Use *ai* with the past and future only; and with the present use *nei, na,* or *ra,* according to the position of the thing spoken of; *nei,* if it is near or connected with the speaker; *na,* if it is near or connected with the person spoken to; and *ra,* if it is not near or connected with either.

Examples

Te whare e hanga na koe, *the house which you are building.*
Te wahi e noho nei a Pomare, *the place at which Pomare is now living.*
Te mea e raru ai ahau, *the thing by means of which I shall be perplexed.*
Te wai i tineia ai te ahi, *the water with which the fire was quenched.*

§ 74. When the relative is the object of the verb in the relative clause, the subject of that verb, without being expressed directly, may be implied in a possessive definitive (§ 18) placed before the antecedent.

Examples

Tau tangata i karanga ai, *the man whom you called* (for Te tangata i karanga ai koe).
Tāku whare e hanga nei, *the house which I am building.*

§ 75. **Inverted Construction.**—In those cases in which the relative is the object of the verb in the relative clause the construction may be inverted by making the verb passive (§ 54), with the relative as its subject, as in § 72.

Examples

Te whare e hangā nā e koe, *the house which is being built by you* (or, *the house which you are building*).

Te kakahu e whatuā nā e koe, *the garment which is being woven by you* (or, *the garment which you are weaving*).

I nohoia rā taua wahi e Te Ratu, *which place was occupied by Te Ratu* (or, *the place which Te Ratu occupied*).

§ 76. **Whose, for whom, etc.**—When the subject of the relative clause in English is a noun, preceded by the possessive form of the relative, use the possessive definitives *tana* (pl. *ana*), *tona* (pl. *ona*), or simply the definite article *te*. In other cases in which the relative in English is possessive, or when it is governed by any other preposition than those enumerated in § 73, use the personal pronouns of the third person with the requisite preposition; but when that preposition is *na*, or *no*, or *ma*, or *mo*, use the *singular* pronoun *for all persons and numbers*.

Examples

He tangata kua whati nei tōna waewae, *a man whose leg is broken*.

Te wahine i kahakina ra te tamaiti, *the woman whose child was carried off*.

Te iwi nōna te whenua, *the people whose the land is*.

Te tangata i hoatu nei e ahau ki a ia te pukapuka, *the man to whom I gave the book*.

§ 77. **Whosoever.**—There is no equivalent in Maori for the word "*whosoever*"; it must therefore always be resolved into "*the man who*", "*the persons who*", "*if any man*", etc., but not into "*he who*", or "*those who*".

Examples

Te tangata he patu tāna, *whoever has a weapon* (*the man who*, etc.).

Ngā tāngata e matau ana ki te whakairo rakau, *whosoever knows how to carve wood* (*the men who*, etc.).

§ 78. **Whatever** in a negative sentence, is often expressed by repeating the clause with the interrogative pronoun, *aha*, in place of the noun, thus:—

Kahore he kai, kahore he aha, *there is no food whatever.*

Hore he iwi, hore he aha, *there was no strength whatever.*

11. Miscellaneous

§ 79. **Position of adverbs.**—With the exceptions mentioned below, an adverb will always follow the word it is qualifying. If the word qualified be a verb in the Imperfect or Narrative Form the adverb *mai* may stand before or after the particle *ana*, but any other adverb must be placed before *ana*.

The following:—*āta, gently, quite; mātua, first;* and *tino, very;* are exceptions to the general rule, and always stand before the qualified words. A clause containing the adverb *mātua* is followed by the indefinite with *ai*.

Examples

He tangata tino pai, *a very good man.*

Kia matua kitea te toki, ka haere ai koe ki te ngahere, *first let the axe be found, and then go to the wood.*

Kihai i āta oti te mahi, *the work was not quite finished.*

§ 80. **Added Termination.**—Adverbs other than those specified in § 79, or adjectives used adverbially, which have reference to the *manner, intensity*, etc., of an action which they qualify, have the passive termination *-tia* added to them when used with passive verbs, and the termination *-tanga* when used with derivative nouns, which denote the *time, place,* or *circumstance* of an action or condition. (§§ 51, 58.)

Example

I kainga otatia ngā kumara, *the kumara were eaten raw.*

Mo tāna patunga pukutanga i a au, *on account of his secretly striking me.*

MISCELLANEOUS

§ 81. **Adverbs indicating direction.**—The words *atu* and *mai* are correlative. *Atu* generally denotes direction or motion away from the speaker (*a*); and *mai*, direction or motion towards the speaker (*b*). They may also denote the relative position of persons or objects, regarded as being opposite to, or over against one another (*c*). *Ake* denotes direction or motion towards some place connected with the speaker, but not where he is at the time of speaking (*d*). Ake and *iho* are also correlative, *ake* meaning "*from below*" or "*upwards*"; and *iho* meaning "*from above*" or "*downwards*". When persons or objects are thus relatively situated, *ake* always qualifies the action or condition of that which is in the inferior position in respect of that which is in the superior position (*e*); and *iho* qualifies the action or condition of the superior in respect of the inferior (*f*).

Examples

(*a*) I hoki atu a Kupe i konei ki Hawaiki, *Kupe returned hence to Hawaiki.*

(*b*) Ka rere mai a Tainui, ka ū ki Kawhia, *Tainui (the canoe) sailed hither and arrived at Kawhia.*

I a ia e haere atu ana, ka kitea mai e ōna tūngane, *As she was going she was seen by her brothers.*

(*c*) Noho atu ana tētahi, noho mai ana tētahi, i tētahi taha, i tētahi taha o tā rāua ahi, *They sat opposite one another on either side of their fire.*

Tīkina atu te kowhatu e takoto mai ra, *Go to fetch, bring the stone which lies yonder.*

Tīkina mai te kowhatu e takoto mai nei, *Come to fetch, take away the stone which lies here.*

(*d*) I tūtaki māua ki a Rua e haere ake ana ki Maketu, *We met Rua going towards Maketu.*

(*e*) and (*f*) When Whakaturia was captured by Uenuku's people and fastened under the ridgepole of their house, the conversation between them is thus described:—

Ka mea iho a Whakatūria, *Whakaturia said,* E koutou e haka ake nei, whakarongo ake koutou katoa, *You who are dancing down there, listen all of you.*

Ka mea ake rātou o te whare, *Those of the house replied,* E koe e iri iho nei, korero iho ra. *You who hang up there, speak on.*

Ka mea iho taua maia ra. *Then our hero replied.* Ina koa ko tāu tū haka te kino e rongo iho nei au. *Really, the poorness of that haka of yours which I hear.*

§ 82. **When,** as an *interrogative*, is commonly expressed by *no nahea* or *i nahea* for past time, and *a hea* for future, the verb being followed by *ai*. To mark *the time of occurrence*, the prepositions *no* and *i* are used for past time, and *a* and *hei* for future. (§ 15.)

Examples

No nahea ia i tae mai ai? *When did he arrive?*

Ā hea koe haere ai? *When shall you go?*

No tōku kitenga i a ia ka homai e ia te toki ki ahau, *When I saw (At the time of my seeing) him, he gave the axe to me.*

I taku korerotanga atu ki a ia inanahi kihai i ki mai tōna waha, *When I spoke to him yesterday he said nothing.*

Ka rokohanga ano a Heke ki reira a tōu taenga atu, *Heke will be found there when you arrive there.*

Hei te hokinga atu o Tareha ka haere mai ai koe. *When Tareha returns you shall come.*

§ 83. **As soon as** is expressed by an elliptical use of the verb with one of the adverbs *tonu* or *kau* for past time, and by the subjunctive with *kia* for future.

Examples

Tae tonu atu matou ki reira ka timata te korero, *As soon as we arrived there the speaking began.*

Rangona kautia mai ahau e karanga ana, ka oma katoa ratou, *As soon as I was heard calling they all ran away.*

Kia oti te whare ka noho ai ia ki roto, *As soon as the house is finished he shall live in it.*

MISCELLANEOUS

§ 84. **Why**, as an interrogative, is expressed by *he aha* or by *na te aha*, the verb being followed by *ai*. *He aha* is generally used as in reference to a purpose or object in view (*a*); *na te aha* in reference to an antecedent cause (*b*). The construction with *he aha* may be varied by using an infinitive with a possessive pronoun; in this case the reference is usually to the cause not to the purpose (*c*).

The reason why is expressed by the use of *take* followed by a relative clause with *ai* (*d*) (§ 73).

Why is also frequently rendered by paraphrase, by the use of the expression *he aha te take*, with a relative clause as above (*e*).

Examples

(*a*) He aha a Turi i haere ai ki Taupo? He tiki i tāna tamaiti. *Why did Turi go to Taupo? To fetch his child.*

(*b*) Na te aha ia i kore ai e tūtuki ki Waiapu? Na te waipuke. *Why did he not reach Waiapu? Because of the flood.*

(*c*) He aha tāu e kata ai, *or* He aha tō kata? *Why are you laughing?*

(*d*) Ko te take tēna i kore ai ia e haere, *That is the reason why he did not go.*

(*e*) He aha te take i haere ai ia? *Why did he go?*

§ 85. **Because** is generally expressed by *ta te mea* or *no te mea*, but if the reference is to an antecedent moving cause the preposition *na* may be used followed by a relative clause (§ 73).

Examples

E kore ahau e riri ki a koe, tā te mea e aroha ana ahau ki a koe, *I will not be angry with you, because I love you.*

Ka riri a Huakatoa, no te mea i rukea e ratou nga kai, *Huakatoa was angry because they threw away the food.*

Na te kino hoki i mahue ai te whenua, *Because of its badness the land was abandoned.*

Na reira i tika ai tā ratou heke mai, *On that account they departed forthwith.*

§ 86. The **purpose** of an action may be rendered by *he mea.*

Example

He kai makutu ana kai, koia i karangatia ai a Tamure ki te kai he mea kia mate. *His food was bewitched; therefore Tamure was called to eat in order that he might die.*

§ 87. **And** is expressed by the following different words or methods:

i. **ā,** used to connect consecutive actions or circumstances, with the notion of the lapse of time.

Hoe ana mai ratou, ā ka ū ki Mokau, *They rowed hither, and landed at Mokau.*

ā may often be translated by "and at length", or "until".

I kainga nga ika ā pau noa, *The fish were eaten until they were quite consumed.*

ii. **me,** properly a preposition signifying "with", and denoting concomitancy. (§ 15.)

Kei reira te waka me te hoe, *The canoe is there and the paddle.*

iii. **ma,** used only with numerals. (§ 28).

E rua tekau ma waru, *Twenty-eight.*

iv. **hoki,** introducing something additional, often to be rendered by "also", or "too", and placed always after the first important word in the sentence.

I patua ngā tāngata, i tahuna hoki ngā whare ki te ahi, *The men were killed, and the houses were burnt with fire.*

v. To connect the names of persons the personal pronouns are used with *ko*. For examples see § 12.

vi. When, however, two or more immediately consecutive actions are expressed by verbs in the same tense, or when two or more nouns are governed by the same preposition, they should follow one another in Maori without any conjunction, the preposition in the latter case being repeated before each noun.

Examples

Ka haere ia, ka kite i te tamaiti, ka arahi mai ki roto ki te whare, *He went and found the child and let it into the house.*

I whakatōkia te māra ki te uwhi, ki te taro, ki te kumara, *The field was planted with yam, taro, and kumara.*

Part II

Progressive Exercises

The following exercises are arranged progressively to illustrate the sections in Part I. When any new matter is introduced into an exercise, the section bearing upon the same will, as a rule, be indicated in the heading. The student is recommended to study the first five chapters, at least, before attempting any of the exercises, and each of the remaining chapters before doing any of the exercises upon it.

EXERCISES

I.

§§ 4, 5, 6, 17, 18

1. He ika. 2. Tāna kuri. 3. Ehea whare? 4. Tā rāua pukapuka. 5. Ngā tamariki a wai? 6. A wai kupenga? 7. Ētahi kuri. 8. Tōna waewae. 9. Tō wai kanohi? 10. Ngā taringa ō Turi. 11. Ōna ringaringa. 12. Taua whare. 13. Tō tāua pāpā. 14. Ā rāua tamariki. 15. Ōna mātua. 16. Taua wahine. 17. Ōna tuāhine. 18. Ngā tēina ō Kuiwai.

1. A bird. 2. This bird. 3. My dog. 4. That fish. 5. Which house? 6. Their house. 7. Whose house? 8. Kurei's house. 9. The houses. 10. Those fishes. 11. Some men. 12. Their feet. 13. His ears. 14. Your eyes. 15. The dogs. 16. Their sisters. 17. Our children. 18. Her elder sister.

PROGRESSIVE EXERCISES

II
§§ 6, 7, 8, 9, 15, 16

1. Ngā tāngata i roto i te whare. 2. He kai ma Heke mā. 3. Te kuwaha o te whare o Rupe. 4. He hua no ngā rakau o reira. 5. Ngā tamariki a Turi mā. 6. Mo tōna tungāne. 7. Ki te tuakana ō Manaia. 8. Na te teina ō taua wahine. 9. Tēnei o ō rāua whare. 10. He pukapuka ma Pomare mā. 11. A runga o te whare o wai mā? 12. Ki tō māua kainga. 13. He wai no roto i te īpu. 14. No tō tāua kainga. 15. Te whare o Paikea i tatahi.

1. For him and me. 2. To you and me. 3. Belonging to them. 4. From whose house? 5. On the other side of the river. 6. A man from that place. 7. Children on the top of the hill. 8. Some fish for Titore. 9. Men from Rupe's village. 10. Your letter to Ruatapu. 11. A house for Turi and his companions. 12. Whose (pl.) hats? 13. The village on the other side of the hill. 14. A man from inland. 15. The name of the sister of that man.

III
§§ 10 to 13, 19 to 22

1. He kai ma tāna tama, ma Kurei. 2. Ētahi pukapuka ma tōna tuakana, ma te wahine a Turi. 3. Taua toki a te tama a Tūau. 4. Taua māra a tō tāua pāpā. 5. He tangata no hea? 6. He kakahu no roto i (*out of*) te whare o Turi ratou ko Rupe mā. 7. He potae mo tēnei, mo tēnei o ngā tamariki o te kura. 8. He kowhatu no roto i te awa. 9. He kakahu no te wahine a Manaia, no Kuiwai. 10. He kupu ki a Te Hati rāua ko Hongi.

1. A house belonging to me. 2. Houses for you and Turi and Rupe. 3. To his father and his mother. 4. Canoes from Tauranga, Maketu and Whakatane. 5. Those dogs of yours. 6. A house for Turi and his father, Rewa. 7. A letter to one of you. 8. The men and the dogs within yonder fence. 9. That house on the side of the hill. 10. These potatoes as (*to be*, § 15) food for your pigs. 11. The door of a house belonging to me. 12. Food for pigeons. 13. Clothes for this child of mine.

IV

§§ 23 to 27

1. Ngā rau o te mea roa rawa o aua rakau. 2. Te nui o tō Maui whare hou. 3. He tāngata roroa no te kainga o Tāne. 4. Te koi o te mata o te toki hou a Tiki. 5. Te mataaho o tera whare raupo. 6. He wai maori mo tōna tungane, mo Ware. 7. Ngā kowhatu nunui i raro i tō tāua waka. 8. Te tūnga o te whare o Toi i tawahi o te awa. 9. Kei runga i te tuanui o to kōrua whare ko te tama a Te Horo. 10. Te mataaho o ia whare, o ia whare. 11. He kai ma tetahi o rāua. 12. He waka rahi rawa i to Paikea.

1. The name of that good man. 2. The best of those raupo houses. 3. These tall trees in the forest. 4. The strong men of the canoes of Turi and Kupe. 5. Ngata's strong new rope. 6. A heavier stone than that [*near you*]. 7. The largest mat in my stone house. 8. The fence between the gardens of Taiwhanga and Rangi. 9. The swiftness of the canoes of Ripi and his companions. 10. The length of each of those canoes.

V

§§ 28 to 33

1. Ngā rākau roroa e rua tekau ma wha. 2. Te rima o ēra toki nunui i ngā kakau roroa. 3. Ngā whare pai e toru mo koutou ko Turi, ko Ripi. 4. Etahi pukapuka e rima ma māua ko Kupe. 5. Te mea roa rawa o aua rakau e rima. 6. Ngā tāngata tokorima i roto i te whare nui o Turu. 7. Te nui o ēnei whare e wha tekau ma rua. 8. I te toru o ngā haora o tō ratou haerenga ki Te Kao. 9. He pukapuka ma āna tamariki tokowha, takirua ma tēnei, ma tēnei. 10. Te ra tuatahi o tōna nohoanga ki tēnei kainga.

1. Those three small canoes for Turi, Kupe and you. 2. The five large books in your new house. 3. Six new books out of his stone house. 4. The best of those sixteen sharp axes. 5. In the open gateway of their old pa. 6. The depth of this well. 7. The height of those

twenty-seven trees in yonder forest. 8. On Tuesday, the fifteenth day of December. 9. Fifteen windows in those five houses, three in each. 10. The three tall men in the fifth house.

VI
§§ 34 to 39

1. He rakau nunui ērā. 2. Ma tāna tamaiti ēnei pukapuka. 3. Na Tuau te toki i te kakau poto. 4. Kei kō ngā pukapuka e wha ma maua. 5. Kei roto i te whare te toki nui. 6. He nui te whare o Taha. 7. He whare nui to korua. 8. Nō rāua ko Turi tēna whare kowhatu. 9. Ko te ara tēna ki Rotorua. 10. No taua ngahere ērā rakau. 11. Kei a Turi tō tāua waka. 12. Ko wai te tangata i te potae ma? 13. No konei a Paku. 14. No Tauranga a Tupaea. 15. Ma koutou ko Turi, ko Heke mā, ēna toki kotahi tekau ma tahi. 16. Ma Tūau ratou ko Ripi, ko Kupe ērā. 17. Hei runga i te moenga ngā kakahu.

1. This is a stone. 2. That is my dog. 3. Those are tall trees. 4. That house is yours. 5. Theirs is a good canoe. 6. The name of his child is Rangi. 7. Those children are Turi's. 8. Those three new houses are Turi's, Rewa's, and mine. 9. The best of those five axes is for him. 10. The large house is mine. 11. Mine is a large house. 12. My house is large.

VII
§ 40

1. Ko te whare tērā o tō matou rangatira nui rawa. 2. He whare tērā no tō matou matua. 3. Ehara i a Turi tēna whare. 4. Kahore i reira te whare o tōu matua. 5. Ehara tēna i te huarahi ki Tauranga. 6. Kei a Titore tā korua kuri. 7. He pukapuka pai tēna naū. 8. Ehara i te ma tāku kuri. 9. Kahore i a Piri ngā kakahu hou o te tamaiti a Kuiwai. 10. Na tāna tama, na Paerau ēna manu. 11. Ma tō raua tuahine, ma Paku ngā parera nunui. 12. Hei roto tatou i te whare, kauaka hei waho.

13. Ehara to Turi i te waka tere. 14. Ehara i te mea māu te kuri i te waero roa.

1. Te Kani was a great chief. 2. There are many chiefs (*the chiefs are many*, § 30) in this country. 3. Turi was a friend of Kupe's. 4. This is not the house. 5. Your house is not inside my fence. 6. Which of these is your house? 7. Which of those three houses is yours? 8. Mine is not an old canoe. 9. This fence is good. 10. That house is not large. 11. Your books are not here. 12. This letter is not for you. 13. Your books are in the possession of Hata's brother. 14. Your birds were in the house yesterday. 15. This gun is not his.

VIII
§§ 41, 42

1. Na wai ēna pukapuka e rua? 2. Ehara ranei i a Tara tēra kuri? 3. Kahore ranei he whare i te taha o taua awa? 4. Kei hea te taura o tēnei waka? 5. Ko wai te ingoa o te tamaiti a Horo? 6. Ko tēhea te whare o Kaihau? 7. Ko tēhea o ēnei whare to Kupe? 8. He tungane ranei a Turi no Hineko? 9. Ma te tuakana ranei o Hineko, ma Hera ēna manu? 10. He tuakana a Paerau nōku. 11. Ehara a Paerau i te tuakana nōku. 12. Ehara i te mea ko Paerau tōku tuakana. 13. Ehara ranei a Paerau i te tuakana nōna? 14. Ko hea tēra kainga? 15. Ko wai te ingoa o ta rāua tamahine?

1. For whom are those two canoes? 2. Are those two canoes for Kuiwai and her son Horo? 3. Whose is that dog? 4. Does that dog belong to Paerau's brother? 5. Where is the paddle of your new canoe? 6. Was not the paddle of your new canoe here yesterday? 7. Who is that? 8. What is his name? 9. Is that Kuiwai's father? 10. Is his name Titore? 11. Which of these is your house? 12. Which of these three houses is yours? 13. Where was Heke yesterday? 14. Will he be at Tauranga tomorrow? 15. Was he not here yesterday? 16. Is he not at Maketu now? 17. Are there no children in that house? 18. What is [the name of] that mountain?

PROGRESSIVE EXERCISES

IX
§ 42

1. Tokohia ngā tāngata kei roto i tō korua whare? 2. I hea a Tara rāua ko Rua i te Mane nei? 3. Hei konei rānei rāua āpopo? 4. Hei Turanga rāua a te Tūrei. 5. Kahore rānei tāū kuri i kōnei inanahi? 6. Kahore rānei a Tara i roto i tōna whare īnapo? 7. Ehara tēnā i te hua nō tēnei rakau. 8. Ehara rānei tēra i to Tara whare? 9. Ehara rānei i te mea mo Hou tēnei whare? 10. I Te Puke te hoa o Paikea i te ata. 11. Ehara i te pango ngā kurī a te tuahine o Kupe. 12. He manu tere rānei te kāhū? 13. He kaha rānei te hau inanahi? 14. Nāū rānei tēna pukapuka? 15. He pukapuka tēnei nāku.

1. Where are Turi and Kupe? 2. Turi was here yesterday. 3. Kupe will be here tomorrow. 4. Where was Turi on Saturday? 5. Kupe is there [by you]. 6. How many men are there with you? 7. Here (*Tenei*) are the nine men. 8. Were they there [near you] on Wednesday? 9. Those men were not sick last night. 10. There were many men (*The men were many*) on that ship. 11. The fish in the net are few. 12. There is much water in the river (*The water of the river is much*) today. 13. Who will be a guide for me to Taupo? 14. Was there no man to be a companion for Tuau? 15. Where is the man with the greenstone mere?

X

1. I konei ranei tōu teina i te ata nei? 2. Kahore ia i kōnei i te Mane nei. 3. Kei raro i te whare tā korua kurī. 4. He rahi atu tā rāua kurī i ta korua. 5. He kaha rawa atu tāku i tāū. 6. No hea ērā tāngata i te kiri whero? 7. Ehara i te roa ngā rau o taua rakau. 8. He waka rānei tēna no te tama a tōū tuahine? 9. Kei kō tāū pukapuka, kei roto i te whare. 10. He kawa te wai o tēnei awa, ehara i te wai māori. 11. Ehara rānei te waka a Tuau i te mea roa atu i to Kupe? 12. Kahore i konei te tamaiti a tōū taokete. 13. Ehara tēnei i te kuri a Tara. 14. He

kuri rānei tēnei na Tara? 15. He pango taua kuri a Tara.

1. My book was in your possession yesterday. 2. Let there be food for us two at Turi's house. 3. Are not those fifteen books in the corner of the house? 4. There is no water for you here. 5. Was there no house on the bank of the river? 6. There is a great crop of kumara (*he nui te kumara*) in Titore's garden. 7. Were there many children in the forest this morning? 8. The stones in the bed of this river are very large. 9. Are there not some large trees in the bed of that river? 10. Tara's dog is not much larger than a large rat. 11. This dog is heavier (*the weight is greater*) than twelve rats.

XI
§§ 43 to 45

1. E noho ana te tamaiti a Kuiwai i te taha o te ahi. 2. I tū a Paerau ki te taha o te roto. 3. Kua tae a Paikea ma runga i te waka ki Hawaiki. 4. Akuanei ka totohu te waka; he taimaha rawa te ūtanga. 5. Kua piki ake a Tawhaki ki te tihi o te maunga. 6. Kihai a Pahiko i tae ki Hawaiki. 7. Tera e rere te waka o Turi ki Aotea. 8. E whakato ana a Kupe mā i a ratou kumara inanahi. 9. He ū tēna pou; e kore e hinga. 10. Kahore ano (*not yet*) rānei kia tupu nga rau o tēna rakau? 11. E moe rānei koutou ki Whangara? 12. Ka haere tonu matou; e kore e moe ki reira. 13. Ka haere matou a te Raumati ki Paroa.

1. Turi is looking for his dog. 2. Those four men were resting on the hill. 3. Kupe and Tara did not go to Taupo this morning. 4. Turi has arrived at Aotea. 5. Kumara will not grow at Otakou; there is too much (*nui rawa*) frost there. 6. Titore and his companions will return tomorrow. 7. Kae did not fall off the ladder. 8. You will fall presently in that slippery place. 9. Will Tara's son go to Otaki on Thursday? 10. The tide is flowing now; our canoe will float at noon. 11. The fuel is very wet; the fire will not burn. 12. We will go to Taupo the day after tomorrow.

XII
§§ 46 to 50

1. Ki te haere ahau ki Rotorua, ka tohe ahau kia haere mai a Turu. 2. Mehemea kua hinga taua rakau, kua kati te huarahi. 3. Kauā e tomo ki roto ki te whare kei riri a Tara. 4. Mehemea kihai ia i hoki mai kua wareware ahau. 5. Ki te kore koe e whakaatu ki ahau, e kore ahau e matau. 6. E kite koia te tauhou i te huarahi ki te kore (*if there should not be*) he kai-arahi? 7. Mehemea kahore ahau e noho ana i konei, kahore he tangata hei hoa mou. 8. Kaua e haere i te wahi mania kei hinga koe. 9. Kia tupato kei pakaru te tahā. 10. Kei te huihui ngā tāngata ki roto ki te whare.

1. If Rua should come tomorrow I shall go to Kawhia. 2. He is very urgent (*he nui tana tohe*) that you should go to him. 3. If he had not been there, the thieves would have entered his house. 4. Go into my garden to work. 5. He consented to go lest I should not go. 6. If he were staying here his father would have come to fetch him. 7. Pou is eager to go to the other side of the river. 8. If his sister should cease to live here he will not stay. 9. Paerau is at work on his house.

XIII
§§ 51, 52, 53

1. I kitea e wai tēnei motu? 2. E hanga ana a Turi i te whare mo Tara mā. 3. I tīkina e wai a Titore kia haere ki Paroa? 4. Tīkina etahi hoa mo taua hei hapai i tēnei rakau. 5. Ki te kore e kitea he waka moku ka haere ahau ma uta. 6. Kua timu ranei te tai inaianei? 7. Kihai ranei a Turu i kitea e Pomare? 8. I topea e aua tāngata ki te toki ngā rakau atoa o tēnei ngahere. 9. Kahore ano ranei kia taona he kai ma a tatou manuhiri? 10. Kei te tahutahu a Paikea i tāna waerenga. 11. I te mea e tahu ana koe i tāu waerenga, kia tūpato kei tahuna e koe te whare.

1. Turi wishes to stay at Rotorua to finish his house. 2. This house was not built by Turi for Horo last year.

3. If Paerau should not come tomorrow I will go to Taupo in order that I may see him. 4. Turi will not go to Te Kaha today lest he should not see you tomorrow. 5. If the tide were flowing now we should not reach Ohiwa. 6. If you should go to Pakihi today, is there any one (*he tangata*) there to give you food? 7. Is there any one here who knows the name of this tree? 8. Did you see that bird sitting on the tree? 9. Who taught you to read?

XIV
§§ 54 to 63

1. Tokorua ngā wāhine kei roto i te whare e whatu ana i te kakahu. 2. I tahūna e Tara te whare o Hou ki te ahi. 3. Ma Turi e whakaatu te huarahi ki a kōrua. 4. I kauhoetia tēna awa e Titore. 5. Na Nope i tiki a Porou i Waiapu. 6. Kua tae mai a Turu hei kaiwhakaako mo ngā tamariki o tēnei kainga. 7. Me tukū e koe akuanei he karere ki a Tārehā. 8. He tohunga a Te Keteiwi ki te whakairo waka. 9. I te mutunga o tāna korero ka pakipaki ngā ringaringa o ngā kaiwhakarongo (§ 58). 10. I peheatia e Rua te whakaoranga o tāna kotiro i te tahuritanga o te waka? 11. I ahatia e Rātā ngā kaikohuru (§ 58) o tōna matua? 12. Totoro mai tōū ringaringa, miria hoki tōku rae. 13. Ki te haere mai a Turi a te Turei, ma Pare koe e tiki, kei kore koe e kite i a ia.

1. Those two men are in the garden planting trees. 2. That tree was split with an axe. 3. Pare shall lead you to Turi's village. 4. That dog was brought by Turi from Aotea. 5. Tareha built a pa for himself at Waiohiki. 6. Who was the builder of those houses of yours? 7. In which part of the garden must these seeds be sown? 8. Who taught you to catch fish in a net? 9. When he stretched out his hand all his companions stood up. 10. How shall Turi return to his island? 11. What will you do when Tara arrives? 12. Open your mouth and put out your tongue. 13. Pull up the anchor of our canoe. 14. If Turi had been here yesterday Pare would have fetched you that you might see him.

XV
§§ 64, 65

1. Ka tae mai nei koe (*now that you are come*) ka ai he kaiarahi mo māua ki Ōmāhū. 2. Me e ai ana he waka mōna kua eke atu a Tara, kua rere ki Mōtītī. 3. Kahore he kaheru a Tiki hei ngaki i ngā taru o tāna mārā. 4. Kihai rāua i whai wahi hei tūnga whare. 5. Kei a wai te waka o Ripi inaianei? 6. Me tatari koe kia tae mai a Turi kia ai ai he hoa mōū mo tōū haere ki Ōpou. 7. Mehemea kua whai kupenga rāua kihai rāua i mate i te kai-kore. 8. Ki te mate a Titore hei a wai ōna whenua? 9. Kahore rānei i a Turi te taura o te punga o tōna waka?

1. When you come tomorrow I shall have a companion for my journey to Taupo. 2. Should there be a canoe for us we shall cross to the other side. 3. Let not Hou have your axe lest the handle should be broken. 4. If Pare had not had a companion on Tuesday he would not have come. 5. Had not Turi your books the day before yesterday? 6. Had he no books when he came last week? 7. When I go to Rarotonga Pare shall have my house. 8. If they had not had a net they would have had no food.

XVI
§§ 66 to 70

1. Kua mahue a Pare i ōna hoa ki Taupo. 2. Kua oti rānei i a Ripi mā te whare o Pare? 3. Nā wai i korero ki a koe te weranga o te whare o Rupe? 4. Ka paū i te manū ngā hua o āū rakau. 5. I te taenga atu o Turi ki tōna whare kua poto ngā taonga i a Pare te kawe ki waho. 6. Apopo ka oti te taurapa o te waka te whakairo e Whata. 7. Meake ka rūpeke ngā tāngata ki roto ki te whare. 8. He nui te riri o Turi mo te pakarutanga o āna tahā i a Ripi mā. 9. Ka tae a Turi i ahau apopo te arahi ki Maketu.

1. Turi was not overtaken by Pare at Taupo. 2. The rope was cut in two [severed by cutting] by Kupe with an axe. 3. The fruit of those trees was not eaten up by

birds. 4. Some of Turi's property has been taken by thieves. 5. Ripi will finish thatching Turi's house (*Turi's house will be finished thatching by Ripi*) tomorrow. 6. When Turi's house at Motiti is finished (*let it be finished*) he will live in it. 7. When Turi's house was finished he did not live in it. 8. If Pare's canoe had not been taken away by the flood he would have put you across [the river].

XVII
§§ 71, 72

1. He tangata tēnei e haere ana ki Taupo apopo. 2. Ka tae ki hea te waka i rere mai nei i Tauranga i te Turei? 3. He nui te riri o Turi ki te tangata e hanga ra i tōna whare. 4. No wai te whare ka oti ra te tāpatu? 5. Ko te whare tēra o Turi e tū mai rā i tawahi o te awa. 6. Ko Tara te tangata nānā nei i hua ngā ingoa o ēnei whenua. 7. Ehara i a Titore nānā i tahu te waka. 8. I peka matou ki Ōpoutama, i ūngia ra taua wāhi i mua e Tupaea. 9. Ko Hineko te wahine māna e raranga he takapau mōu. 10. Ko Ripi rāua ko Pou ngā tāngata nānā i tō te waka ki tatahi.

1. Kupe, who met me on the beach yesterday, went to Wairoa this morning. 2. Which is the canoe which is sailing to Motiti? 3. Who is the woman who is sitting at the front of the house? 4. Taeo has left off reading the book which you gave him. 5. That tree which has been sawn up is from the other side of the river. 6. Was Tara the man who built the pa on that island? 7. Tuau is not the boy who fetched your canoe. 8. They came by (*upon*) the Arawa [canoe], which canoe was burnt by Raumati. 9. Who are the men who are to drag the canoe to the water?

XVIII
§§ 73, 74, 75

1. Mō wai te kākahu e whatu nei te wahine ā Turi? 2. Ko Horoutā te waka i kawea mai ai te kūmara i Hawaiki. 3. Ko Rotorua te moana i kauhoe rā ā

Hinemoa. 4. Ko te ara ranei terā e haere mai ai ā Turi? 5. Ko tēhea o ēnei taitama tāū e whiriwhiri ai hei hoa mōū? 6. Mā Rewa rānei āu ika e kawe nā? 7. Ko ā Tara tāngata ēnei i ārahi mai ai i Taupo īnanahi. 8. Ko tō Kupe waka tēra i rere mai ai i Hawaiki. 9. Ko te take tēra i kore ai ā Titore e haere ki Taupo.

1. The canoe which Kurei is carving is from Te Whakaki. 2. Turi has the spear with which Paikea was wounded. 3. The house in which Pare slept last night belongs to Ripi. 4. What is the place at which we shall meet Titore tomorrow? 5. That is not the matter on account of which I came to see you. 6. These are the words which I came to say to you. 7. This is not the hill from which we saw Turi's canoe sailing away. 8. The ship was not a large one in which Tupaea came to Aotearoa. 9. Kura is from Opou, from the place in which Turangi lived formerly.

XIX
§§ 76, 77, 78

1. Kua ū ki ūta i ā Paikea te tangata i kawea mai nei e Ripi he waka mōnā. 2. He nunui ngā kaipuke i eke ai ratou kia rere ai ratou ki Ingarangi. 3. Kei Kereru ā Tareha mā, he mahinga kai a reira i mua nā Tara. 4. Te tangata e mataku ana, me hoki ki te kainga. 5. Ko wai te tangata i marū rā tōnā waewae inanahi i te poro rakau? 6. Kua mate ā Ripi, he whare nei nōna i wera i te ahi i te Turei. 7. Ko wai te tangata i hurihia rā tānā mārā e te waipuke i te mea kahore ano kia hauhakea ngā kai? 8. Kei Taupo te wahine i ki mai rā koe kia hoatu ki ā ia te pukapuka. 9. I tō rātou taenga ki te ngahere, kahore he manu i kitea ē ratou, kahore he aha.

1. The man whose father died on Friday went to Wairoa yesterday. 2. Turi is going to Taupo to see the boy whose ankle was sprained. 3. The man for whom Horo made the canoe will come tomorrow. 4. Rua met Maru at Reporua, from which place Pahiko's canoe sailed long ago. 5. Tell the man to come tomorrow to whom you and I gave the canoe. 6. The tree by which

your foot was crushed was cut down by Rata. 7. Whoever is not willing to work must go away. 8. Who is the man for whom the house was built by Tua? 9. When they entered the pa there were no men whatever in it.

XX
§§ 79. 80

1. Kotahi tekau mā rima ngā tāngata i hopukia oratia ē ratou. 2. I tahunā matatia tānā waerenga, kihai ngā rakau i pau i te ahi. 3. Kia ātā haere tātou kei tae wawe i te mea kahore anō kia rupeke ngā tāngata o te kainga. 4. Kihai a Ruku mā i whakahokia ki uta, i kahakina kētia ki Tokerau. 5. I mauria wawetia mai rānei e Horo ngā taro me ngā kumara mo te hakari? 6. I patuā katoatia e Tū ōna tūakana. 7. I mauria matetia atu te matua o Tawhaki. 8. I te aōngā kautanga o te rā ka haere ia. 9. Kia tino mimiti te waipuke ka haere ai tāua.

1. The man who lifted that stone was very strong. 2. The house was well built by Maui. 3. First catch the pig, then kill it, then cook it. 4. The men of Mokoia suffered greatly owing to their food being quite consumed. 5. Heuheu and his people were buried alive by a landslip. 6. He told Pou privately of the death of Tiki. 7. He will not go away until your debts are all paid. 8. My child was beaten by him without cause. 9. Kupe did not see his enemy at once.

XXI
§ 81

1. I rere atu te kaipuke o Tūpaea i kōnei, kihai i hoki mai. 2. E hoki ana ahau āianei ki Tokomaru, me haere ake koe ki reira apopo. 3. I te ngahorotanga iho o ngā hua o te rakau ka titiro ake rāua, ka kite i te kukupa e noho iho ana. 4. Hei kona kōrua noho mai ai; kia tae mai a Kae me haere tahi mai koutou; hei konei ahau tatari atu ai ki a koutou. 5. Ko te mea tēnei i haere mai ai ahau, he korero ki a Paerau kia kauā ia e haere ake apopo. 6. Me i haere ake koe inanahi ki te tiki i ngā pukapuka, kua whai pukapuka katoa ngā tamariki inaianei.

1. Tama said to Ngatoro. "Come on board my canoe."
2. It was Tuau and I who told Turi of Manaia's arrival.
3. Who is that who is shouting to us from the top of the house? 4. Kuiwai was looking up at the man who was sitting on the hill. 5. I am going to Oringi today, and I wish you to write me a letter next week. 6. Did you meet Rua going to Maketu on Wednesday? 7. Paerau was looking from above at the children playing on the beach. 8. Who called Putu that he came today?

XXII

§§ 82, 83

1. No tōku taenga ki Turanga i kite ai ahau i a Kere.
2. He mate ia i tōku taenga mai, otira kihai i maha ngā rā kua ora. 3. Kia hoki mai ia i Tapui ka mātau ai ahau ki tōna haere i a koe, ki tōna kore ranei e haere. 4. Ā hea timataia ai e Turi te hanga i te whare mo Peta? 5. Kite kau rāua i a Paoa, kua mohio rāua he rangatira ia. 6. Hei te mutunga o tā korua mahi me haere korua ki Omahā. 7. Kia whiti ahau ki tawahi o te awa ka kite ai ahau i a Heke.

1. When shall you return to Waipu? 2. I shall return as soon as Hata has brought my letters. 3. When I came from Taupo Paka was living here. 4. Heke met Turi on the road as he was returning from Te Wairoa. 5. While he was speaking to Paerau Tara came to fetch him. 6. As soon as Ripi arrives Tara will go to Te Wairoa. 7. When did Heke return from Titirangi? 8. When Tuau comes you had better return home. 9. When the rain ceased we went to Waimate. 10. As soon as Titore saw Ripi he gave him your letter.

XXIII

§§ 84, 85

1. He aha tō koutou waka i rere ai ki Motītī inanahi?
2. Na te aha ngā tūpuna o te tangata Maori i heke mai ai i Hawaiki? 3. Na te pakanga rātou i heke mai ai.
4. He aha koe i kore ai e haere ake ki tō matou kāinga i te Ratapu? 5. No te Turei matou i whakatika mai ai i

Taupo, ā moe ana ki Rangitaiki. 6. I te aonga ake ka haere mai ano, ā ka moe ki Tarawera. 7. He aha te take i noho ai a Ripi ratou ko Tūau mā ki Tarawera? 8. I mahue i a rātou ki runga ki te waka te kupenga, me ngā aho, me ngā matau. 9. Ka haere a Tara, ka kau i te awa, ka oma ki roto ki te ngahere.

1. Why did Titore send Horo to Omaha? 2. What was the reason why Tuau was left at Taupo? 3. The houses and the canoes were burnt with fire. 4. Why were Paerau and Kupe [so] long coming from Wairoa? 5. It was because of the flood that they did not come. 6. As Reko and Tupe went to Wahi they turned aside to Papakura and Tuakau and Rangiriri. and the third day they arrived at Wahi. 7. It was owing to Ripi that we arrived [so] soon. 8. He came as our guide and did not leave us until we arrived (*a tae noa mai matou*) here.

Key to the Exercises

I

1. A fish. 2. His dog. 3. Which houses? 4. Their book. 5. Whose children? 6. Whose nets? 7. Some dogs. 8. His foot. 9. Whose face? 10. Turi's ears. 11. Her hands. 12. That house. 13. Yours and my father. 14. Their children. 15. His parents. 16. That woman. 17. His sisters. 18. Kuiwai's younger sisters.

1. He manū. 2. Tēnei manū. 3. Tāku kurī. 4. Taua ika. 5. Tēhea whare? 6. Tō rātou whare. 7. Tō wai whare? 8. Te whare ō Kurei. 9. Ngā whare. 10. Ēra ika. 11. Ētahi tāngata. 12. Ō rātou waewae. 13. Ōna taringa. 14. Ōū kanohi. 15. Ngā kuri. 16. Ō rātou tuāhine. 17. A tāua tamariki. 18. Tōna tuakana.

II

1. The men in the house. 2. (Some) food for Heke and his companions. 3. The doorway of Rupe's house. 4. Fruit of the trees of that place. 5. The children of Turi and his companions. 6. For her brother. 7. To Manaia's elder brother. 8. Belonging to that woman's younger sister. 9. This one of their houses. 10. (Some) books for Pomare and his companions. 11. The top of whose (pl.) house? 12. To his and my dwelling-place. 13. Water out of the bottle. 14. From yours and my dwelling-place. 15. Paikea's house by the seaside.

1. Mā māua. 2. Ki ā tāua. 3. Nō rātou. 4. Nō tō wai whare? 5. Kei tāwahi ō te awa. 6. He tangata nō reira. 7. He tamariki i runga i te puke. 8. He ika mā Titore. 9. He tangata no te kāinga o Rupe. 10. Tāū pukapuka ki a Ruatapu. 11. He whare mō Turi mā. 12. Ngā potae o wai mā? 13. Te kāinga i tua o te puke. 14. He tangata no uta. 15. Te īngoa o te tuahine o tēra tangata.

III

1. Some food for his son, Kurei. 2. Some books for her elder sister, Turi's wife. 3. That axe of Tuau's son's. 4. That garden of yours and my father's. 5. A man from what place? 6. A garment out of the house of Turi and Rupe and their companions. 7. A hat for each of the children of the school. 8. A stone out of the river. 9. Garments (or, a garment) belonging to Manaia's wife, Kuiwai. 10. A word (message) to Te Hati and Hongi.

1. He whare nōku. 2. He whare mō koutou ko Turi, ko Rupe. 3. Ki tōna pāpā rāua ko tōna whaea. 4. He waka no Tauranga, no Maketu, no Whakatane. 5. Aua kūri a koutou. 6. He whare mo Turi rāua ko tōna pāpā, ko Rewa. 7. He pukapuka ki tetahi o koutou. 8. Ngā tāngata me ngā kūri i roto i tēra taiepa. 9. Taua whare i te taha o te puke. 10. Ēnei riwai hei kai mā āū poaka. 11. Te tatau o tetahi whare ōku. 12. He kai ma te kukupa. 13. Te kakahu mo tēnei tamaiti āku.

IV

1. The leaves of the tallest of those trees. 2. The size of Maui's new house. 3. Tall men from Tane's village. 4. The sharpness of the edge of Tiki's new axe. 5. The window of that raupo house. 6. Some fresh water for her brother, Ware. 7. The large stones under our canoe. 8. The site of Toi's house on the other side of the river. 9. On the roof of the house belonging to you and Te Horo's son. 10. The window of each house. 11. Some food for one of those two. 12. A much larger canoe than Paikea's

1. Te ingoa o taua tangata pai. 2. Te mea pai rawa o ēra whare raupo. 3. Ēnei rakau roroa i te ngahere. 4. Ngā tāngata kaha o ngā waka o Turi rāua ko Kupe. 5. Te taura kaha, te taura hōu a Ngata. 6. He kowhatu taimaha atu i tēna. 7. Te takapau nui rawa i roto i tōku whare kowhatu. 8. Te taiepa i waenganui i ngā mārā a Taiwhanga rāua ko Rangi. 9. Te tere o ngā waka o Ripi mā. 10. Te roa o tēnei, o tēnei o ēna waka.

V

1. The twenty-four tall trees. 2. The fifth of those large axes with the long handles. 3. The three good houses for you and Turi and Ripi. 4. Five books for Kupe and me. 5. The tallest of those five trees. 6. The five men in Turu's large house. 7. The size of these forty-two houses. 8. At the third hour from their going to Te Kao. 9. Books for his four children, two for each. 10. The first day of his dwelling at this village.

1. Aua waka ririki e toru mo koutou ko Turi, ko Kupe. 2. Ngā pukapuka nunui e rima i roto i tōu whare hou. 3. Ētahi pukapuka hou e ono i roto o tōna whare kowhatu. 4. Te mea pai rawa o aua toki koi kotahi tekau mā ono. 5. I te kuwaha tuwhera o tō rātou pā tawhito. 6. Te hohonu o tēnei poka. 7. Te roa o aua rakau e rua tekau ma whitu i tera ngahere. 8. I te Turei, i te tekau ma rima o ngā rā o Tihema. 9. Ētahi mataaho kotahi tekau mā rima i aua whare e rima, takitoru i tēnei, i tēnei. 10. Ngā tāngata roroa tokotoru i te rima o ngā whare.

VI

1. Those are large trees. 2. These books are for his child. 3. The axe with the short handle belongs to Tuau. 4. The four books for him and me are yonder. 5. The large axe is in the house. 6. Taha's house is large. 7. Yours is a large house. 8. That stone house belongs to him and Turi. 9. That is the way to Rotorua. 10. Those trees are from that forest. 11. Yours and my canoe is in Turi's possession. 12. Who is the man with the white hat? 13. Paku belongs to this place. 14. Tupaea belongs to Tauranga. 15. Those eleven axes are for you and Turi and Heke and the rest. 16. Those are for Turi, Ripi, and Kupe. 17. The garments are to be on the bed.

1. He kowhatu tēnei. 2. Ko tāku kūri tēra. 3. He rakau roroa ēra. 4. No koutou tēra whare. 5. He waka pai tō rātou. 6. Ko Rangi te ingoa o tāna tamaiti. 7. Na Turi ēna tamariki. 8. No mātou ko Turi, ko Rewa

ēra whare hou e toru. 9. Māna te mea pai rawa o aua toki e rima. 10. Nōku te ware nui. 11. He whare nui tōku. 12. He nui tōku whare.

VII

1. That is the house of our greatest chief. 2. That is a house belonging to our father. 3. That house does not belong to Turi. 4. Your father's house is not there. 5. That is not the road to Tauranga. 6. Your dog is in Titore's possession. 7. That is a good book of yours. 8. My dog is not white. 9. Kuiwai's child's new garments are not in Piri's possession. 10. Those birds belong to his son, Paerau. 11. The large ducks are for their sister, Paku. 12. Let us be inside the house, let [us] not be outside. 13. Turi's is not a swift canoe. 14. The dog with the long tail is not for you.

1. He rangatira nui a Te Kani. 2. He tokomaha ngā rangatira i tēnei whenua. 3. He hoa a Turi no Kupe. 4. Ehara tēnei i te whare. 5. Kahore i roto i tōku taiepa tōu whare. 6. Ko tehea o ēnei tōu whare? 7. Ko tehea tō korua o ēra whare e toru? 8. Ehara tōku i te waka tawhito. 9. He pai tēnei taiepa. 10. Ehara i te nui tēra whare. 11. Kahore i konei au pukapuka. 12. Ehara i te mea māu tēnei pukapuka. 13. Kei te teina o Hata āu pukapuka. 14. I roto āu manu i te whare inanahi. 15. Ehara i a ia tēnei pū.

VIII

1. Whose are those two books? 2. Does not that dog belong to Tara? 3. Is there not a house by the side of that river? 4. Where is the rope of this canoe? 5. What is the name of Horo's child? 6. Which is Kaihau's house? 7. Which of these houses is Kupe's? 8. Is Turi a brother of Hineko's? 9. Are those birds for Hineko's elder sister, Hera? 10. Paerau is an elder brother of mine. 11. Paerau is not an elder brother of mine. 12. Paerau is not my elder brother. 13. Is not Paerau an elder brother of his? 14. What is [the name of] that village? 15. What is the name of their daughter?

KEY TO EXERCISES

1. Mo wai ēna waka e rua? 2. Mo Kuiwai rānei rāua ko tāna tama, ko Horo aua waka e rua? 3. Na wai tēna kūri? 4. Nā te teina rānei o Paerau taua kuri? 5. Kei hea te hoe o tōu waka hōu? 6. Kahore rānei i kōnei inanahi te hoe o tōu waka hōu? 7. Ko wai tēra. 8. Ko wai tōna ingoa? 9. Ko te pāpā rānei tēra o Kuiwai? 10. Ko Titore rānei tōna ingoa? 11. Ko tehea o ēnei tōu whare? 12. Ko tēhea tōu o ēnei whare e toru? 13. I hea a Heke inanahi? 14. Hei Tauranga rānei ia āpopo? 15. Kahore rānei ia i kōnei inanahi? 16. Kahore rānei ia i Maketu inaianei? 17. Kahore rānei he tamariki i roto i tēra whare? 18. Ko hea tēra maunga?

IX

1. How many men are there in your house? 2. Where were Tara and Rua on Monday? 3. Will they two be here tomorrow? 4. They two will be at Turanga on Tuesday. 5. Was not your dog here yesterday? 6. Was not Tara in his house last night? 7. That is not fruit of this tree. 8. Is not that Tara's house? 9. Is not this house for Hou? 10. Paikea's companion was at Te Puke in the morning. 11. Kupe's sister's dogs are not black. 12. Is the hawk a swift bird? 13. Was the wind strong yesterday? 14. Is that book yours? 15. This is a book of mine.

1. Kei hea a Turi rāua ko Kupe? 2. I kōnei a Turi inanahi. 3. Hei kōnei a Kupe āpopo. 4. I hea a Turi i te Hatarei? 5. Kei kōna a Kupe. 6. Tokohia ngā tāngata kei a koe? 7. Tenei ngā tangata tokoiwa. 8. I kōna rānei rātou i te Wenerei? 9. Ehara aua tāngata i te matemate inapo. 10. He tokomaha ngā tāngata i runga i tēra kaipuke. 11. He ruarua ngā ika i roto i te kupenga. 12. He nui te wai o te awa inaianei .13. Ko wai hei kaiarahi mōku ki Taupo? 14. Kahore rānei he tangata hei hoa mo Tuau? 15. Kei hea te tangata i te mere pounamu?

X

1. Was your younger brother here this morning? 2. He was not here on Monday. 3. Your dog is under the house. 4. Their dog is larger than yours. 5. Mine

is much stronger than yours. 6. From whence are those men with the red skin? 7. The leaves of that tree are not long. 8. Is that a canoe belonging to your sister's son? 9. Your book is yonder, in the house. 10. The water of this river is bitter, it is not fresh water. 11. Is not Tuau's canoe longer than Kupe's? 12. Your brother-in-law's child is not here. 13. This is not Tara's dog. 14. Is this a dog belonging to Tara? 15. That dog of Tara's is black.

1. I a koe tāku pukapuka inanahi. 2. Hei te whare o Turi he kai mā tāua. 3. Kahore rānei i te kopa o te whare aua pukapuka kotahi tekau ma rima? 4. Kahore he wai mōu i konei. 5. Kahore rānei he whare i te tahataha o te awa? 6. He nui te kūmara i te māra a Titore. 7. He tokomaha rānei ngā tamariki i te ngahere i te ata nei? 8. He nui rawa ngā kowhatu i te riu o tēnei awa. 9. Kahore rānei he rakau nūnui i te riu o taua awa? 10. Kahore i nui rawa ake te kūri a Tara i te kiore nui. 11. He nui atu te taimaha o tēnei kūri i tō ngā kiore kotahi tekau mā rua.

XI

1. Kuiwai's child is sitting by the side of the fire. 2. Paerau stood at the side of the lake. 3. Paikea has arrived by canoe at Hawaiki. 4. The canoe will sink presently; the load is very heavy. 5. Tawhaki has climbed up to the top of the mountain. 6. Pahiko did not reach Hawaiki. 7. Turi's canoe will sail to Aotea. 8. Kupe and his companions were planting their kumara yesterday. 9. That post is firm, it will not fall. 10. Have not the leaves of that tree grown yet? 11. Shall you sleep at Whangara? 12. We shall go on, we shall not sleep there. 13. We shall go in the summer to Paroa.

1. E rapu ana a Turi i tāna kūri. 2. E okioki ana aua tāngata tokowha i runga i te puke. 3. Kihai a Kupe rāua ko Tara i haere ki Taupo i te ata nei. 4. Kua tae a Turi ki Aotea. 5. E kore te kūmara e tupu ki Otakou; he nui rawa te huka i reira. 6. Ka hoki a Titore mā āpopo. 7. Kihai a Kae i taka i runga i te arawhata. 8. Ka hinga koe akuanei i tēna wahi mania.

9. Ka haere rānei te tama a Tara ki Otaki a te Taite? 10. E pari ana te tai inaianei; ka mānu tō tatou waka i te poupoutanga o te rā. 11. He mākū rawa te wahie; e kore te ahi e kā. 12. Ka haere matou ki Taupo a tetahi rā.

XII

1. If I go to Rotorua, I will urge Turu to come. 2. If that tree had fallen the road would have been obstructed. 3. Do not enter inside the house lest Tara should be angry. 4. If he had not come back I should have forgotten. 5. If you should not show me I shall not know. 6. Will a stranger find the road if there should not be a guide? 7. If I had not been staying here there would have been no one as a companion for you. 8. Do not walk in the slippery place lest you should fall. 9. Be careful lest the calabash should be broken. 10. The men are assembling within the house.

1. Ki te haere mai a Rua āpopo ka haere ahau ki Kawhia. 2. He nui tāna tohe kia haere koe ki a ia. 3. Mehemea kahore ia i reira kua tomokia tōna whare e ngā tahae. 4. Haere ki tāku māra ki te mahi. 5. I whakaae ia ki te haere kei kore ahau e haere. 6. Mehemea e noho ana ia ki konei kua haere mai tōna pāpā ki te tiki i a ia. 7. E kaikā ana a Pou ki te haere ki tawahi o te awa. 8. Ki te mea ka kore tōna tuahine e noho ki kōnei e kore ia e noho. 9. Kei te mahi a Paerau i tōna whare.

XIII

1. By whom was this island discovered? 2. Turi is building a house for Tara and his companions. 3. By whom was Titore fetched to go to Paroa? 4. Fetch some companions for us to lift this tree. 5. If no canoe is found for me I shall go by land. 6. Is it low tide (literally, Has the tide ebbed) now? 7. Did not Pomare find Turu? 8. All the trees of this forest were felled by those men with axes. 9. Has no food been cooked yet for our guests? 10. Paikea is setting his clearing on fire. 11. When you are setting your clearing on fire be careful lest you set the house on fire.

1. E hiahia ana a Turi ki te noho ki Rotorua ki te whakaoti i tōna whare. 2. Kihai tēnei whare i hangaa e Turi mo Horo i tēra tau. 3. Ki te kore a Paerau e haere mai āpopo ka haere ahau ki Taupo kia kite ai ahau i a ia. 4. E kore a Turi e haere ki Te Kaha aianei kei kore ia e kite i a koe āpopo. 5. Mehemea e pari ana te tai inaianei e kore tatou e tae ki Ohiwa. 6. Ki te haere koe ki Pakihi aianei, he tangata rānei kei reira hei homai kai ki a koe? 7. He tangata rānei kei konei e matau ana ki te ingoa o tēnei rakau? 8. I kite rānei koe i taua manu e noho ana i runga i te rakau? 9. Na wai koe i whakaako ki te korero pukapuka?

XIV

1. There are two women in the house weaving a garment. 2. Hou's house was burnt with fire by Tara. 3. Turi shall show you two the road. 4. Titore swam over that river. 5. Nope fetched Porou from Waiapu. 6. Turu has arrived as a teacher for the children of this village. 7. You had better send a messenger presently to Tareha. 8. Te Keteiwi is skilful at carving canoes. 9. At the end of his speech the hearers clapped their hands. 10. How did Rua save his daughter when the canoe upset? 11. What did Rata do to the murderers of his father? 12. Reach out your hand and rub my forehead. 13. If Turi should come on Tuesday, Pare shall fetch you lest you should not see him.

1. Kei te māra aua tāngata tokorua e whakato rakau ana. 2. I titorea tēna rakau ki te toki. 3. Ma Pare koe e arahi ki te kainga o Turi. 4. I mauria mai e Turi i Aotea tēna kūri. 5. I hangaa e Tareha he pā mōna ki Waiohiki. 6. Ko wai te kaihanga o ēna whare ōū? 7. Me rui ki tehea wāhi o te māra ēnei purapura? 8. Na wai koe i whakaako ki te hao ika? 9. I te toronga o tōna ringaringa i whakatika katoa ōna hoa. 10. Me pehea he hokinga mo Turi ki tōna motu? 11. Ka aha koe a te taenga mai o Tara? 12. Hamama tōu waha, whatero hoki tōu arero. 13. Hutia te punga o tō tatou waka. 14. Mehemea i kōnei a Turi inanahi kua tīkina koe e Pare kia kite ai koe i a ia.

KEY TO EXERCISES 83

XV

1. Now that you are come we have a guide to Omahu. 2. If he had had a canoe Tara would have embarked and sailed to Motiti. 3. Tiki has no spade wherewith to dig up the weeds of his garden. 4. They two had no place as a site for a house. 5. Who has Ripi's canoe now? 6. You must wait till Turi arrives that you may have a companion for your journey to Opou. 7. If they had had a net they would not have suffered from want of food. 8. If Titore should die, who will have his lands? 9. Has not Turi the rope of the anchor of his canoe?

1. Kia tae mai koe āpopo ka whai hoa ahau mo tōku haere ki Taupo. 2. Ki te ai he waka mo tāua ka whakawhiti tāua ki tawahi. 3. Kauaka hei a Hou tāu toki kei whati te kakau. 4. Mehemea kihai a Pare i whai hoa i te Turei kihai ia i haere mai. 5. Kahore rānei i a Turi āu pukapuka i tētahi ra? 6. Kahore rānei āna pukapuka i tōna taenga mai i tēra wiki? 7. Kia haere ahau ki Rarotonga, hei a Pare tōku whare. 8. Mehemea kahore ā rātou kupenga kihai rātou i whai kai.

XVI

1. Pare has been left by his companions at Taupo. 2. Have Ripi and his companions finished Pare's house? 3. Who told you that Rupe's house was burnt? 4. The fruit of your trees is consumed by birds. 5. When Turi reached his house the goods had all been carried out by Pare. 6. Whata will have finished carving the sternpost of the canoe tomorrow. 7. The men will soon be assembled inside the house. 8. Turi was very angry because his calabashes had been broken by Ripi and others. 9. I shall guide Turi tomorrow all the way to Maketu.

1. Kihai a Turi i mau i a Pare ki Taupo. 2. I motu te taura i a Kupe te tapahi ki te toki. 3. Kihai ngā hua o aua rakau i pau i te manu te kai. 4. Kua riro i te tahae ētahi o ngā taonga a Turi. 5. Ka oti te whare o Turi te tāpatu e Ripi āpopo. 6. Kia oti te whare o Turi i Motītī ka noho ia ki roto. 7. I te otinga o te whare ō Turi kihai ia i noho ki roto. 8. Mehemea kihai te waka ō Pare i riro i te waipuke kua whakawhitiā koe e ia.

XVII

1. Here is a man who is going to Taupo tomorrow. 2. What place has the canoe reached which sailed hither from Tauranga on Tuesday? 3. Turi was very angry with the man who was building his house. 4. Whose is the house which is finished thatching? 5. That is Turi's house which stands on the other side of the river. 6. Tara is the man who gave names to these lands. 7. It was not Titore who set the canoe on fire. 8. We turned aside to Opoutama, at which place Tupaea landed long ago. 9. Hineko is the woman who shall weave a mat for you. 10. It was Ripi and Pou who dragged the canoe to the seaside.

1. I haere ki Wairoa i te ata nei a Kupe i tutaki rā ki ahau i te one inanahi. 2. Ko tēhea te waka e rere ana ki Motiti? 3. Ko wai te wahine e noho ra i te roro o te whare? 4. Kua mutu i a Taeo te korero te pukapuka i hoatu rā e koe ki a ia. 5. No tawahi o te awa te rakau kua oti rā te kani. 6. Ko Tara rānei to tangata nāna i hanga te pā ki taua motu? 7. Ehara a Tuau i te tamaiti nāna nei i tiki tōu waka. 8. I haere mai ratou i runga i a Te Arawa, i wera rātaua waka i a Raumati. 9. Ko wai mā ngā tāngata māna e tō te waka ki te wai?

XVIII

1. For whom is the garment which Turi's wife is weaving? 2. The canoe by which the kumara was brought from Hawaiki was Horouta. 3. The sea over which Hinemoa swam was Rotorua. 4. Is that the path by which Turi will come? 5. Which of these young men will you choose as a companion for yourself? 6. Are those fish which you are carrying for Rewa? 7. These are the men whom Tara led from Taupo yesterday. 8. That is the canoe in which Kupe sailed hither from Hawaiki. 9. That is the reason why Titore did not go to Taupo.

1. No Te Whakakī te waka e whakairo rā a Kurei. 2. Kei a Turi te tao i tū ai a Paikea. 3. No Ripi te whare i moe ai a Pare inapo. 4. Ko hea te wāhi e tutaki ai

KEY TO EXERCISES 85

tāua ki a Titore āpopo? 5. Ehara tēna i te take i haere mai ai ahau kia kite i a koe. 6. Ko ngā kupu ēnei i haere mai ai ahau ki te korero ki a koe. 7. Ehara tēnei i te puke i kitea ai e tatou te waka o Kupe e rere atu ana. 8. Ehara i te mea he rahi te kaipuke i haere mai ai a Tūpaea ki Aotearoa. 9. No Opou a Kura, no te wahi i noho ai a Turangi i mua (or, i nohoia rā taua wāhi e Turangi i mua).

XIX

1. The man for whom Ripi brought a canoe has been brought to land by Paikea. 2. The ships were large in which they embarked that they might sail to England. 3. Tareha and others are at Kereru, which place was formerly a cultivation of Tara's. 4. Whoever is afraid had better go home. 5. Who is the man whose foot was crushed yesterday by a log of wood? 6. Ripi, whose house was burnt with fire on Tuesday, is dead. 7. Who is the man whose field was overflowed by the flood before the crop was dug up? 8. The woman to whom you said that the letter was to be given is at Taupo. 9. When they reached the forest they saw no birds whatever.

1. I haere ki Te Wairoa īnanahi te tangata i mate rā tōna pāpā i te Parairei. 2. E haere ana a Turi ki Taupo kia kite i te tamaiti i takoki rā te pona. 3. Ka haere mai āpopo te tangata i hangaa nei e Horo te waka mōna. 4. I tutaki a Rua ki a Maru ki Reporua, i rere atu ra i reira i mua te waka o Pahiko. 5. Kī atu kia haere mai āpopo te tangata i hoatu ra e tāua te waka ki a ia. 6. I topea e Rātā te rakau i marū ai tōu waewae. 7. Me haere atu te tangata kahore e pai ki te mahi. 8. Ko wai te tangata i hangaa nei e Tua te whare mōna? 9. I to ratou tomokanga ki te pa kahore he tangata i roto, kahore he aha.

XX

1. There were fifteen men who were taken alive by them. 2. His clearing was set fire to in a green state; the trees were not consumed by the fire. 3. Let us go slowly lest we should arrive before the men of the

village have assembled. 4. Ruku and his companions were not returned to the shore, they were carried off in a different direction to Tokerau. 5. Did Horo bring the taro and the kumara in time for the feast? 6. Tu killed all his elder brothers. 7. The father of Tawhaki was taken away dead. 8. He went when the day had only just dawned. 9. You and I will go when the flood has quite subsided.

1. He kaha rawa te tangata nāna i hapai tēna kowhatu. 2. I hangaa paitia te whare e Maui. 3. Mātua hopu i te poaka, ka patu ai, ka tao ai. 4. He nui te mate o ngā tāngata o Mokoia i te paunga rawatanga o a ratou kai. 5. I tanumia oratia a Heuheu rātou ko tōna iwi e te horo whenua. 6. I korerotia pukutia e ia ki a Pou te matenga o Tiki. 7. E kore ia e haere atu kia utua katoatia rā ano a koutou nama. 8. I patua take-koretia e ia tāku tamaiti. 9. Kihai a Kupe i kite wawe i tōna hoariri.

XXI

1. Tupaea's ship sailed away from hence; it did not return. 2. I am returning today to Tokomaru; you had better come thither tomorrow. 3. When the fruit of the tree dropped they two looked up and saw the pigeon sitting above [them]. 4. Stay you two where you are; when Kae arrives you must [all] come together; I will wait here for you. 5. This is the thing for which I came [namely], to tell Paerau not to come [to me] tomorrow. 6. If you had come [to me] yesterday to fetch the books, the children would all have had books today.

1. I kī a Tama ki a Ngatoro, "Haere mai ki runga ki tōku waka." 2. Nā māua ko Tūau i korero ki a Turi te taenga mai o Manaia. 3. Ko wai tēra e hamama iho rā ki a tāua i runga i te whare? 4. E titiro ake ana a Kuiwai ki te tangata e noho iho ana i runga i te puke. 5. E haere ana ahau ki Oringi aianei, e hiahia ana hoki ahau kia tuhituhi pukapuka ake koe ki ahau a tēra wiki. 6. I tūtaki rānei koe ki a Rua

KEY TO EXERCISES   87

e haere atu ana ki Maketu i te Wenerei? 7. E titiro iho ana a Paerau ki ngā tamariki e takaro ake ana i te one. 8. Na wai a Putu i karanga i haere mai ai ia inaianei?

XXII

1. It was when I reached Turanga that I saw Kere. 2. He was sick when I arrived, but before many days he was well again. 3. When he returns from Tapui I shall know whether he will go with you or whether he will not go. 4. When will Turi begin to build the house for Peta? 5. As soon as they two saw Paoa they knew that he was a chief. 6. When you two leave off work you must go to Omaha. 7. When I shall have crossed to the other side of the river I shall see Heke.

1. A hea koe hoki ai ki Waipu? 2. Kia mauria mai āku pukapuka e Hata ka hoki ahau. 3. I tōku haerenga mai i Taupo, i konei a Paka e noho ana. 4. I tūtaki a Heke ki a Turi i te huarahi, i a ia e hoki mai ana ki Te Wairoa. 5. I a ia e korero ana ki a Paerau ka haere mai a Tara ki te tiki i a ia. 6. Kia tae mai a Ripi ka haere a Tara ki Te Wairoa. 7. Nōnahea a Heke i hoki mai ai i Titirangi? 8. Kia tae mai a Tūau me hoki koe ki te kāinga. 9. I te mutunga o te ua ka haere matou ki Waimate. 10. Kite kau a Titore i a Ripi ka hoatu e ia ki a ia tāu pukapuka.

XXIII

1. Why did your canoe sail to Motiti yesterday? 2. Why did the ancestors of the Maori people migrate hither from Hawaiki? 3. It was because of quarrels that they migrated hither. 4. Why did you not come to our village on Sunday? 5. It was on Tuesday that we started from Taupo, and we slept at Rangitaiki. 6. The next morning we came on and slept at Tarawera. 7. Why (what is the reason why) did Ripi, Auau, and others stay at Tarawera? 8. They left the net and the lines and the fishhooks in the canoe. 9. Tara went and forded the river and ran into the forest.

1. He aha a Titore i tono ai i a Horo ki Omaha? 2. He aha te take i mahue ai a Tūau ki Taupo? 3. I wera i te ahi ngā whare me ngā waka. 4. He aha i roa ai a Paerau rāua ko Kupe te haere mai i Wairoa? 5. Na te waipuke i kore ai rāua e haere mai. 6. I te haerenga o Reko rāua ko Kupe ki Wahi ka peka rāua ki Papakura, ki Tuakau, ki Rangiriri, a i te toru o ngā rā ka tae rāua ki Wahi. 7. Na Ripi mātou i tae wawe mai ai. 8. I haere mai ia hei kaiarahi mo mātou, kihai hoki i whakarere i a mātou ā tae noa mai mātou ki konei.

Part III

Conversations

I

Come here.	Haere mai.
Open your eyes.	Titiro ōu kanohi.
Open your mouth.	Hāmama tōu waha.
Stretch out your hand.	Totoro tōu ringaringa.
Bend your leg.	Hupeke tōu waewae.
Sit down.	E noho.
Lie down.	Takoto ki raro.
Stand up.	Whakatika.
Give me your hand.	Homai tōu ringaringa.
Turn round.	Tahuri.
Go back again.	Haere, e hoki.
Stand there.	Tū mai i kona.
Go away.	Haere atu.

II

What is that?	He aha tēna?
A letter to you.	He pukapuka ki a koe.
From whom?	Na wai?
From Turi.	Na Turi.
Who brought it?	Na wai i mau mai?
This man who sits here.	Na te tangata e noho nei.
When will he return?	A hea ia hoki ai?
I do not know.	Aua.
You had better ask him.	Me ui atu ki a ia.
Friend! when shall you return?	Ē hoa! a hea koe hoki ai?
Early tomorrow morning.	Āpopo, i te ata.
Will you take my letter?	Māu e mau tāku pukapuka; ne?
Give it to me this evening.	Me homai akuanei i te ahiahi.

Why are you in such a hurry to go?	He aha koe i porangi ai ki te haere?
Lest I should be prevented by the tide.	Kei āraia ahau e te tai.
I shall not be long writing.	E kore e roa tāku tuhituhi.
Where is the gun?	Kei hea te pū?
What for?	Hei aha?
Did you not bring it?	Kihai i mauria mai e koe?
No.	Kahore.
Here is my letter.	Tenei tāku pukapuka.
Good-bye!	Haere rā!
Good-bye!	Hei kona!

III

Friend!	E hoa!
How do you do?	Tena koe?
Will you not go as a companion for me?	E kore koe e haere hei hoa mōku?
To what place?	Ki hea?
To Te Wairoa.	Ki Te Wairoa.
When shall you go?	A hea koe haere ai?
Tomorrow.	Āpopo.
How long shall you remain there?	Pehea te roa o tōu noho ki reira?
I shall return after three days.	Kia toru ngā rā ka hoki mai ahau.
I will go with you.	Ko tāua e haere.
Are there no horses here?	Kahore he hoiho i konei?
There are horses; strong one to travel.	He hoiho ano; he mea kaha ki te haere.
Whose is the white horse?	Na wai te hoiho mā?
Turi's.	Na Turi.
Where is he?	Kei hea ia?
Yonder.	Kei kō.
Call him.	Karangatia.
Here he comes.	Tenei te haere mai nei.
Turi! will you not let me have your white horse?	E Turi! E kore koe e pai ki to hoiho mā nei ki a au?
This other one is the strongest.	Ko tenei kē te mea kaha.

CONVERSATIONS

Where is the saddle?	Kei hea te nohoanga?
It is in the house. Hori will fetch it.	Kei te whare. Ma Hōri e tiki.
You may bring it to me in the morning.	Māu e arahi ake i te ata.
Have you had anything to eat?	Kua kai rānei koe?
Yes.	Ae.
You can carry this.	Māu tenei e mau.
Give it to me then.	Homai rā.
Where is the ford of this river?	Kei hea te kauanga o tēnei awa?
The ford is higher up.	Kei roto te kauanga.
Is it shallow?	He papaku rānei?
We had better go by canoe.	Me mā runga tāua i te waka.
Is there a canoe here?	He waka ano tēnei?
The canoe is a little lower down.	Kei waho tata atu ra te waka.
Let us get something to eat, and then cross over.	Kia kai tāua ka whakawhiti ai ki tawahi.
Tie up our horses.	Herea o taua hoiho.
Fetch me some water.	Tīkina he wai mōku.
This canoe is very small.	He nohinohi rawa tēnei waka.
Put the horses across and then fetch me.	Whakawhītia ngā hoiho kā tiki mai ai i ahau.
It is going to rain.	Meake kā ua.
Let us stay here till the rain is over.	Kia noho tāua ki konei kia mutu te ūa.
It is fair now. Let us go on.	Ka mao. Kia haere tāua.
What place is this?	Ko hea tēnei?
It is getting late. We had better stay here.	Ka pō te rā. Me noho tāua ki konei.
Where is the tether rope for my horse?	Kei hea te taura hei here i tōku hoiho?
It has been left at home.	Kua mahue ki te kainga.
Here is another.	Tēnei ano tētahi.

IV

Let us go to Waiheke.	Tātou ka haere ki Waiheke.
Call Hemi and Hori to go with us.	Karangatia a Hēmi rāua ko Hōri hei hoa mo tāua.
Launch the boat.	Tōia te poti.
The boat is afloat.	Ka mānu te poti.
Fetch the oars.	Tīkina ngā hoe.
Leave the sail: there is too much wind.	Waiho atu te rā: he nui no te hau.
There is too much sea for us to get over.	E kore tatou e whiti i te ngaru.
The boat will be full of water presently.	Akuanei ka kī te poti i te wai.
Bale out the water.	Tāia te wai.
We will land here.	Me whakaū te poti ki konei.
This is a fair wind to go back with.	E tika ana te hau mo te hokinga atu.
Set the sail.	Whakaarahia te rā.
It is low water.	Kua timu te tai.
Keep outside lest we should get aground on the sandbank.	Waiho i waho, kei eke tatou ki te tāhuna.
Take down the sail.	Turakina te rā.
Drag up the boat on shore.	Tōia ake te poti ki uta.

V

What have you got?	He aha tāu?
Haven't you a pig?	Kahore āu poaka?
Is it for sale?	Mo te hoko rānei?
What is the price?	He aha te utu?
That is too much.	He nui rawa tēna.
Have you any maize for sale?	He kaanga tāu mo te hoko?
Bring it tomorrow.	Me mau mai āpopo.
What do you want for it?	He aha tāu i pai ai hei utu?
What about your debt?	Me aha tō nama?
Bring some potatoes to settle it.	Mauria mai he riwai hei whakarite.
Have you no more maize?	Heoi ano āu kaanga?

You had better bring some more.	Me māu mai ano etahi.
Bring it here to be weighed.	Homai kī kōnei kia paunatia.
Your debt is not quite paid off.	Kahore ano kia ata rite tō nama.
Will you not come here to work?	E kore koe e haere mai ki konei ki te mahi?
You can come tomorrow.	Me haere mai āpopo.
What work am I to do?	He aha te mahi māku?
Fencing.	He hanga taiepa.
When the fencing is done you can dig a ditch.	Kia oti te taiepa ka keri ai i te awakeri.

VI

What is your name?	Ko wai tōu ingoa?
Do you live here?	Ko tōu kainga tēnei?
When did you come to live here?	Nōnahea koe i tae mai ai ki konei noho ai?
Are you married?	He wahine tāu?
Have you any children.	He tamariki āu?
How many?	Tokohia?
Where are they?	Kei hea?
Are they at school?	Kei te kura rānei?
Where is the school?	Kei hea te kura?
How many years has there been a school here?	Ka hia ngā tau o te kura ki kōnei?
Do your children know how to read?	Ka mohio rānei āu tamariki ki te korero pukapuka?
Do they understand English?	Ka mohio rānei ki te reo Ingarihi?
Who is the teacher?	Ko wai te kaiwhakaako?
Did you build the schoolhouse yourselves?	Na koutou ano i hanga te whare kura?
Where is the church?	Kei hea te whare-karakia?
Is there a clergyman living here?	He minita ano kei konei e noho ana?
What is his name?	Ko wai tōna ingoa?
How many children are there in the school?	Tokohia ngā tamariki i te kura?

VII

What do you want?	He aha tāu?
I am come for some medicine for my child.	I haere mai ahau ki tetahi rongoa mo tāku tamaiti.
Where is he lying?	Kei hea ia e takoto ana?
At my house.	Kei tōku whare.
How old is he?	Ka hia ōna tau?
When was he taken ill?	Nōnahea ia i pāngia ai?
On Sunday. Four days ago.	No te Rātapu. Ka wha enei rā.
What is the matter with him?	He aha tōna mate?
He has headache, and is very feverish.	He ānini, he nui hoki te kiri kā.
Has he much pain?	He nui rānei tōna mamae?
Why did you not come the day before yesterday?	He aha koe i kore ai e haere mai i tetahi rā?
I did not know that he was sick.	Kihai ahau i mohio kei te mate ia.
It was last night that I was told of it.	No te pō nei i korerotia mai ai ki ahau.
Where do you live?	Kei hea tōu kainga?
Is it far away?	Kei tawhiti ranei?
I had better come and see him.	Me haere ahau kia kite i a ia.
You must wait for me as I do not know the way.	Me tatari koe ki a au; kahore hoki au e mohio ki te ara.
Here is the medicine for him.	Tēnei te rongoa mōna.
Give one tablespoonful at a time, three times a day.	Me takikotahi te pūnu nui, kia toru whangaitanga i te ra.
You can come again tomorrow to fetch some more medicine.	Me haere ake ano koe āpopo ki te tiki i tētahi atu rongoa.
I will come again and see him the day after tomorrow.	Ka hoki mai ano ahau kia kite i a ia a tētahi rā.

How is the sick person for whom medicine was fetched on Wednesday?
He is well. He is gone to work.
How is your son today?
He is better.
Has he a good appetite?
You may leave off giving him the medicine.
I shall not come to see him any more.

Kei te pehea te turoro i tīkina ai he rongoa i te Wenerei?
Ka ora. Kua riro ki te mahi.
Kei te pehea tāu tamaiti inaianei?
Kua ngāwari tōna mate.
He nui rānei tōna hiahia ki te kai?
Me whakamutu te whāngai i a ia ki te rongoa.
Ka mutu tōku haere mai kia kite i a ia.

VIII

When did you arrive?
Yesterday.
Where did you come from yesterday?
When did you start from Taupo?
How long have you been on the road?
Three days.
At whose house did you sleep last night?
Have you no companions?
I have two companions, whom I left at Tarawera.
Will they be here today?

They will probably not be here soon, because one is sick.
You must be hungry.
The food will soon be cooked.
Do you not eat mutton?
I prefer the fish.

No nāhea koe i tae mai ai?
No nānahi.
I haere mai koe i hea i nānahi?
No nānhea koe i whakatika mai ai i Taupo?
Pō hia koe ki te huarahi?
Pō toru.
I moe koe ki te whare ō wai inapo?
Kahore ōu hoa?
Tokorua ōku hoa i mahue i a au ki Tarawera.
Akuanei rānei rāua tae mai ai?
E kore pea rāua e tae wawe mai, no te mea he mate tetahi.
Kei te hemo-kai pea koe.
Meake ka māoa te kai.
Kahore koe e kai i te hipi?
Engari te ika.

Is there no bread?	Kahore ranei he paraoa?
Here is the bread.	Tenei te paraoa.
Give me some salt.	Homai he tote māku.
Here it is.	Tenei.
Pour me out some water.	Ringihia mai he wai mōku.
I am very thirsty.	He nui tōku matewai.
Would you not like some peaches?	Kahore ranei koe e pai ki te pititi?
What is that on the dish?	He aha tena i runga i te rihi?
It is taro.	He taro.
I have never eaten taro.	Kahore ano ahau kia kai noa i te taro.
Give me some.	Homai etahi māku.
Does this grow here?	E tupu ana ano tenei ki konei?
It is very nice.	Ka nui te reka.
You will sleep here to-night.	Me moe koe ki kōnei i tenei pō.
Do not keep me: I want to get home.	Kauaka ahau e puritia: he hiahia nōku kia tae ki te kainga.
The road to Takapau is bad.	He kino te huarahi ki Takapau.
Which is the bad part?	Ko tehea te wāhi kino?
It is very muddy, and the bridge is broken.	He nui te paruparu, kua pakara hoki te piriti.
Never mind, I must go.	Aua atu. Me haere tonu au.
When shall you get home?	Ahea koe tae ai ki te kainga?
Tomorrow.	Āpopo.

Part IV

Vocabulary

I. ENGLISH—MAORI

As a general rule, accentuate the *first* syllable of a Maori word; but in words beginning with *whaka*, accentuate the *third*.

a, *art.* he, tētahi.
able, to be, *v. i.* āhei.
abode, *n.* kāinga.
above, *prep.* ki runga i; kei runga i; i runga i; hei runga i. (See § 16.)
absent, *a.* ngaro.
abundant, *a.* nui; huhua.
account (bill), *n.* kaute.
achieve, *v. t.* tae.
acre, *n.* eka.
across (of motion), *prep.* ki tāwahi o. (§ 16.)
add together, *v.t.* huihui; *pass*, huihuia.
adult, *n.* kaumātua.
afloat, *a.* mānu.
afraid, *a.* mataku. (*with prep.*) ki.
after, *prep.* ki muri i; kei muri i; i muri i; hei muri i. (§ 16.)
afterwards, *adv.* muri iho.
again, *adv.* ano.
agree to, *v. t.* whakaae.
agreement, *n.* kirimini.
alive, *a.* ora.
all, *a.* katoa (*see* poto).

allow, *v. t.* tuku; *pass.* tukua.
ammunition, *n.* hamanu.
ancestor, *n.* tupuna, *pl.* tūpuna.
anchor, *n.* punga.
ancient times (§ 8).
and, (§ 87).
angry, *a.* riri.
ankle, *n.* pona.
another, *a.* tetahi atu (§ 21).
answer, *v. t.* whakahoki kupu (followed by *prep.* ki), *pass.* whakahokia.
answer a call, *v. i.* whakaō.
any, *def.* he, tetahi; *pl.* etahi.
appeal, *n.* piira.
appear (come in sight), *v. i.* puta.
appearance, *n.* āhua.
apple, *n.* āporo.
April, *n.* Aperira.
arise, *v. i.* ara, whakatika.
arithmetic, *n.* whika.
arm, *n.* tākakau; ringa-ringa.

D

army, *n.* taua.
arouse, *v. t.* whakaara; *pass,* whakaarahia.
arrive, *v. i.* tae; *pass.* taea, *be arrived at.*
ashes, *n.* pungarehu.
as if, as it were, *conj.* metemea.
ask, *v. t.* (put a question), ui; *pass.* uiā (*followed by prep.* ki).
ask (one to do anything), *v. t.* ki, *pass.* kiia.
ask for, *v. t.* tono; *pass.* tonoa.
assemble, *v. t.* whakamine; *pass.* whakaminea.
assemble, *v. i.* huihui.
assembled, *part.* rūpeke.
assessor, *n.* ateha.
as soon as (§ 83).
at once, *adv.* wawe.
attack, *v. t.* whakaeke; *pass.* whakaekea.
auction, *n.* mākete.
auger, *n.* wiri.
August, *n.* Ākuhata.
aunt, *n.* whāea.
authority, *n.* mana.
autumn, *n.* ngahuru.
avenged, *part.* ea. (§ 66).
awake, *v. i.* ara.
away, *adv.* atu (§ 81).
axe, *n.* toki.

back, *n.* tuarā.
back of the head, *n.* kopako.
back, the, *l.n.* muri (§ 8).
bad, *a.* kino.
bag, *n.* peeke.
bald, *a.* pākira.

bank of a river, *n.* tahataha.
bank (money), *n.* peeke.
bark, *n.* hiako; kiri.
bark, *v. i.* tau.
barter, *v. t.* hoko; *pass.* hokona.
basin, *n.* peihana.
bathe, *v. i.* kaukau.
battle, *n.* pakanga.
bay, *n.* kokoru.
beach, *n.* one.
beak, *n.* ngutu.
bear fruit, *v. i.* hua.
beard, *n.* pāhau.
beast, *n.* kararehe.
beat, *v. t.* patu; *pass.* patua.
beautiful, *a.* ataāhua.
because, *conj.* no te mea, ta te mea (§ 85).
bed, *n.* moenga; pēti.
bed of a river, *n.* riu.
bee, *n.* pī.
beer, *n.* pia.
before, *prep.* ki mua i; kei mua i; i mua i; hei mua i. (§ 16.)
beg, *v. t.* inoi; *pass.* inoia.
begin, *v. t.* tīmata; *pass.* timataia.
behind, *prep.* ki muri i; kei muri i; i muri i; hei muri i. (§ 16.)
behind, on the further side of, ki tua o; kei tua o; etc. (§ 16.)
believe, *v. t.* whakapono (*followed by prep.* ki); *pass.* whakaponohia.
bell, *n.* pere.
belly, *n.* kōpū.

VOCABULARY

below, *prep.* ki raro i; kei raro i; i raro i; hei raro i. (§ 16.)
belt, *n.* whītiki; tātua.
bend, *v. t.* whakapiko, *pass.* whakapikoa.
bend leg or arm, hūpeke.
bend, *v. i.* piko.
beneath, *prep.* (§ 16.)
bent. *a.* piko.
better, had, *v. a.* me. (§ 56.)
between, *prep.* i waenganui o..o.
bewitch, *v. t.* mākutu; *pass.* makuturia.
beyond, *prep.* (*see* tua, tāwahi). (§§ 8, 16.)
bill, *n.* kaute.
bird, *n.* manu.
birth, *n.* whānautanga.
biscuit, *n.* pihikete.
bite, *v. t.* ngau; *pass.* ngaua.
bitter, *a.* kawa.
black, *a.* mangu; pango.
blade, *n.* rapa.
blanket, *n.* paraikete.
blind, *a.* matapō.
block, *n.* pōroka.
blood, *n.* toto, (generally in pl.).
blunt, *a.* puhuki.
board, *n.* papa.
board (of persons), *n.* poari.
boat, *n.* poti.
body, *n.* tīnana.
bog, *n.* hū.
boggy, *a.* tāpokopoko.
boil, *v. i.* koropupū.
v. t. kōhua; *pass.* kohuatia.

boiler, *n.* paera.
bone, *n.* wheua, iwi.
book, *n.* pukapuka.
bore, *v. t.* poka; *pass.* pokaia; wiri; *pass.* wiria.
born, be, *v. i.* whānau.
bottle, *n.* īpū.
bottom, the, *l.n.* raro (§ 8).
boundary, *n.* rohe; raina.
bow, of a canoe, *n.* ihu.
box, *n.* pouaka.
boy, *n.* tamaiti, tāne; *pl.* tamaraki, tāne.
brain, *n.* roro.
branch, *n.* manga; peka.
brand, *n.* and *v.* parani.
brass, *n.* parāhi.
brave, *a.* toa.
bread, *n.* parāoa.
break, *v. t.* (a stick, etc.), whawhati; *pass.* whatiia: (a cord, etc.), momotu; *pass.* motuhia: (in pieces), pakaru; *pass*, pākarua.
breakfast, *n.* parakuihi.
breast, *n.* uma; poho.
breast of a female, *n.* ū.
breath, *n.* manawa.
breathe, *v. i.* tā te manawa. (Ex. Ka tā tōku manawa, *I breathe*).
brick, *n.* pereki.
bridge, *n.* piriti.
bridle, *n.* paraire.
bring, *v. t.* mau mai; *pass.* mauriā mai.
bring to land, *v. t.* whakaū; *pass.* whakaūria.
broad, *a.* whānui.
broken, *part.* whati; motu; pākaru. (See break.)

brook, *n.* manga.
broom, *n.* purūma.
brother, *n.* (a man's elder) tuakana; *pl.* tuākana; (younger), teina; *pl.* tēina; (a woman's), tungāne.
brother-in-law, *n.* (a man's), taokete; (a woman's), autāne.
brown, *a.* pākākā.
bruised, *part.* marū.
build, *v. t.* hanga; *pass.* hangaa.
bullet, *n.* matā.
bullock, *n.* ōkiha.
bulrush, *n.* raupo.
burden, *n.* pīkaunga.
burn, *v. i.* kā.
burn, *v. t.* tahu; *pass.* tahuna.
burnt, *part.* wera; burnt up, pau i te ahi.
bury. *v. t.* tanu; *pass.* tanumia.
bush, *n.* uru rākau.
but, *conj.* otirā; *after a negative*, ēngari.
butt (of a tree), *n.* pūtake.
butter, *n.* pata.
button, *n.* pātene.
buy, *v. t.* hoko; *pass.* hokona.
by, *prep.* 1, *of agent, after passive verbs*, e. 2, *of agent or instrument, after neuter verbs, adjectives, etc.*, i. 3, *of direction*, ma (§ 15).
by and by, *adv.* taihoa.

cabbage, *n.* kāpeti.

calabash, *n.* tahā.
call, call out, *v. t.* karanga; *pass.* karangatia.
call, (name), *v. t.* hua; *pass.* huaina.
calm, *a.* marino.
can, *v. i.* āhei (not followed by a preposition).
candle, *n.* kānara.
canoe, *n.* waka.
careful, *a.* tūpato.
carpenter, *n.* kāmura.
carry, *v. t.* kawe; *pass.* kawea.
carry off, *v. t.* kahaki; *pass.* kahakina.
carry (on the shoulders), pīkau; *pass.* pīkaua; amo; *pass.* amohia.
carve, *v. t.* whakairo; *pass.* whakairoa.
case (court), *n.* kēhi.
cask, *n.* kāho.
catch. *v. t.* hopu; *pass.* hopukia.
catch (in a net), *v. t.* hao; *pass.* haoa.
caught, *part.* mau. (§ 66.)
cause, *n.* take.
cause, without, *adv.* takekore.
cautious, *a.* tūpato.
cease! kāti! *v. t.* whakamutu.
cement, *n.* raima.
certificate, *n.* tiwhikete.
chain, *n.* mekameka.
chain (measure), *n.* tīni.
chair, *n.* tūru.
chairman, *n.* tiamana.
channel, *n.* awa.
charcoal, *n.* waro.

VOCABULARY 101

chase, v. t. whaiwhai; pass. whaiwhaitia.
cheek, n. pāpāringa.
chest, n. poho.
chicken, n. pī.
chief, n. rangatira.
child. n. tamaiti; pl. tamariki.
chimney, n. tūmere.
chin, n. kauwae.
choose, v. t. whiriwhiri; pass. whiriwhiria.
Christmas, n. Kirihimete.
church, n. hāhi.
church (building), n. whare karakia.
clap (hands), v. i. papaki; pakipaki. (§ 63.)
claw, n. matikuku, maikuku.
clean, a. mā.
cleanse, v. t. horoi; pass. horoia.
clear, v. t. (land by cutting timber, etc.) para; pass. paraia.
clearing, n. waerenga.
cliff, n. pari.
climb, v. i. piki; pass. pikitia, be climbed up, or over.
clod, n. paioneone.
clothes, n. kākahu.
cloud, n. kapua.
clump (of trees), n. motu.
coast, n. tahatai.
coat, n. koti.
cobweb, n. tukutuku pungawerewere.
cock, n. tīkaokao.
coil, v. t. pōkai; pass. pōkaia.

coil, n. pōkai.
cold, n. huka.
cold, a. mātao.
college, n. kāreti.
come, v. i. haere mai.
command, v. t. whakahau; pass. whakahaua.
companion, n. hoa.
company, n. rōpū; ope.
compass, n. kāpehu.
completed, part. oti.
concrete, n. raima.
consent, v. i. whakaae followed by prep. ki); pass. whakaaetia, be agreed to.
constable, n. kātipa.
consumed, part. pau, peto, hemo. (§ 66.)
cook, v. t. tao; pass. taonā.
cooked, part. maoa.
cool, a. mātaotao.
copper, n. and a. kapa.
cord, n. taura, aho.
corner, n. kopa.
corpse, n. tūpapaku.
council, n. kaunihera.
court, n. kooti.
courtyard, n. marae.
cousin, n. (a man's male) tuakana; teina; (a man's female) tuahine; (a woman's male) tungāne; (a woman's female) tuakana; teina.
cover, n. (lid, etc.), taupoki; (cloth, etc.) hīpoki.
cover, v. t. taupoki; pass. taupokina; hīpoki; pass. hipokinā.
cow, n. kau.
creep, v. i. ngoki.
crooked, a. piko.

crop, *n.* hua (*pl.*).
cross, *n.* rīpeka.
cross, *a.* pukuriri.
cross over, *v. t.* and *i.* whakawhiti; *pass.* whakawhitia.
crowd, *v. t.* popō; *n.* rōpū.
crush, *v. t.* tuki; *pass.* tukia.
crushed, *part.* marū.
cry, *v. i.* tangi (*followed by prep.* ki); *pass.* tangihia, *be cried for.*
cultivation *n.* mahingākai.
cupboard, *n.* kāpata.
cure, *v. t.* whakaora; *pass.* whakaorangia.
current, *n.* au.
cut, *v. t.* tapahi; *pass.* tapahiā.
cut down, *v. t.* tope; *pass.* topea.
cut in two, *v. t.* (*See* sever); momotu; *pass.* motuhia.
cut short, *part.* mutu, poro.

damp, *a.* mākū.
dance, *v. i.* kanikani.
dark, *a.* pouri.
dash, *v. t.* aki; *pass.* ākina.
daughter, *n.* tamāhine; *pl.* tamāhine.
daughter-in-law, *n.* hunaonga.
dawn, *n.* puaotanga.
dawn, *v. i.* ao.
day, *n.* rā, rangi.
day after (§ 8).
day before (§ 8).
daylight, *n.* awatea.

dead, *a.* mate.
deaf, *a.* turi.
deal out, *v. t.* tūari; *pass.* tūaritia; tuwha, *pass.* tuwhaia, tuwhaina.
death, *n.* matenga.
debt, *n.* nama.
deceive, *v. t.* māminga; *pass.* māmingatiā.
December, *n.* Tīhema.
deep, *a.* hōhonu.
demand, *v. t.* tono; *pass.* tonoa.
descend, *v. i.* heke.
desire, *v. t.* hiahia; (*followed by* ki); *pass.* hiahiatia.
destroy, *v. t.* whakangaro; *pass.* whakangaromia.
die, *v. i.* marere.
different, *a.* kē.
dig, *v. t.* keri; *pass.* keria.
dig up (a crop), *v. t.* hauhake; *pass.* hauhakea.
dig up (weeds), *v. t.* ngaki; *pass.* ngakiā.
dirt, *n.* paru.
dirty, *a.* poke, paruparu.
disappear, *v. i.* whakangaro.
disappear behind, *v. i.* nunumi.
disbelieve, *v. t.* whakateka (*followed by prep.* ki); *pass.* whakatekaiā.
discover, *v. t.* kite.
dish, *n.* rīhi.
distance, the, *l.n.* tawhiti (§ 8).
distant, *a.* tawhiti.
distribute, *see* deal.
ditch, *n.* awakeri.

dive for, v. t. ruku; pass. rukuhia.
do, v. t. mea; pass. meatia.
do what? v. t. aha?; pass. ahatia?
doctor, n. tākuta; rata.
dog, n. kuri.
door, n. tatau.
doorway, n. kūwaha.
down, adv. iho (§ 81).
drag, v. t. tō; pass. toia.
dream, n. moemoeā.
drink, v. t. inu; pass. inumia.
drive, v. t. ā; pass. āia.
drop, v. i. (as water) māturuturu; (as anything solid) marere.
drunken, a. haurangi.
dry, a. maroke.
dryland, the l.n. uta (§ 8).
duck, n. pārera; (domestic) rakiraki.
dumb, a. wahangū.
dust, n. pūehu.
dwell, v. i. noho; pass. nohoia, be dwelt in.
dwelling place, n. kāinga.

each, a. (§ 21.)
eager, be, v. i. takare, kaikā.
ear, n. taringa.
earth, n. oneone.
east, n. rāwhiti.
easy, a. ngāwari.
eat, v. t. kai; pass. kainga.
ebb, v. i. timu.
edge, n. mata.
eel, n. tuna.
eighth, a. tuawaru.
either—or, rānei—rānei.

elbow, n. tuke.
embark, v. i. eke; pass. ekengia.
embrace, v. t. awhi; pass. awhitia.
empty, a. takoto kau.
ended, part. mutu. (§ 66.)
enemy, n. hoa-riri.
England, n. Ingarani.
enlarge, v. t. whakanui; pass. whakanuia.
enter, v. t. tomo (with prep. ki); pass. tomokia.
equal, a. rite.
evening, n. ahiahi.
exterior, the, l. n. waho (§ 8).
extinguish, v. t. tinei; pass. tineia.
eye, n. kanohi.
eyebrow, n. tukemata.

face, n. mata; kanohi.
faint, a. hemo.
fair (without rain), a. paki.
fair (become), v. i. mao.
fall, v. i. (from an upright position) hinga; pass. hingaia, be fallen upon.
fall (as water), rere.
fall (from a height), drop, v. i. makere.
fall (as a landslip, etc.), horo.
fall off, v. i. taka.
false, a. teka.
farewell! (to a person going), Haere rā! (to one remaining), E noho rā! or Hei kona!
fast, a. tere.

fast (fixed), be, *v. i.* mau.
fat, *n.* ngako.
fat, *a.* mōmona.
father, *n.* pāpā.
father-in-law, *n.* hungawai.
fear, *v. t.* wehi (*followed by prep.* ki); *pass.* wehingia.
feast, *n.* hākari.
feather, *n.* huruhuru.
February, *n.* Pēpuere.
feed, *v. t.* whāngai; *pass.* whāngaia.
fell, *v. t.* tope; *pass.* topea.
female, *a.* (human) wahine; (of animals) uha.
fence, *n.* taiepa.
fern, *n.* rau-aruhe.
fern-root, *n.* aruhe.
fertile (land), *a.* mōmona.
fetch, *v. t.* tiki; *pass.* tikina. (If from a distance use *atu*).
fever, *n.* piwa.
few, *a.* torutoru.
fifth, *a.* tuarima.
fight, *v. t.* whawhai (*followed by prep.* ki); *pass.* whawhaitia.
figure, *n.* whika.
fill, *v. t.* whakakī; *pass.* whakakīia.
find, *v. t.* kite, *pass.* kitea.
fine (weather), *a.* paki; *n.* whaina.
finger, *n.* maikara.
finger-nail, *n.* maikuku.
finish, *v. t.* whakaoti
finished, *part.* (as a meal), mutu; (completed), oti.
fire, *n.* ahi.

firewood, *n.* wahie.
firm, *a.* ū.
first, *a.* tuatahi.
first, *adv.* mātua.
fish, *n.* ika.
fish (with a line), *v. t.* hī; *pass.* hīia.
fish-hook, *n.* matau.
fixed, *part.* ū; mau. (§ 66.)
flame, *n.* mura.
flash, *v. i.* (as lightning), kōwhā.
flat, *a.* pararahi.
flax (dressed), *n.* muka; whītau.
flax-plant, *n.* harakeke.
flea, *n.* puruhi.
flesh, *n.* kiko.
flexible, *a.* ngāwari.
flint, *n.* matā.
float, *v. i.* mānu.
flock, *n.* kāhui.
flood, *n.* waipuke.
flour, *n.* parāoa.
flow, *v. i.* rere; (as tide), pari.
flower, *n.* puāwai.
fly, *n.* rango.
fly, *v. i.* rere.
foam, *n.* huka.
fog, *n.* kohu.
fold, *v. t.* whakakopakopa; *pass.* whakakopakopaia.
follow, *v. t.* whai; *pass.* whaia.
food, *n.* kai.
foolish, *a.* kūware.
foot, *n.* waewae.
foot (measure), *n.* putu.
footprint, *n.* tapuwae.
football, *n.* hutupōro.

VOCABULARY 105

for, *prep.* mo; ma; hei. (§ 15); *conj.* ina.
ford, *v. t.* kau; *pass.* kauia.
ford, *n.* kauanga.
forehead, *n.* rae.
fore leg, *n.* peke.
forest, *n.* ngahere.
forget, *v. t.* wareware; (*followed by prep.* ki); *pass.* warewaretia.
forgotten, *part.* wareware.
fork, *n.* whāka.
form, *n.* āhua.
former, *a.* to mua.
formerly, *adv.* i mua.
forsaken, *part.* mahue.
fortified place, *n.* pā.
fourth, *a.* tuawhā.
fowl, *n.* manu.
fresh, *a.* hou; (as water) maori.
Friday, *n.* Parairei.
friend, *n.* hoa.
frighten, *v. t.* whakawehi; *pass.* whakawehia.
frightened, *a.* mataku.
front (of house), *n.* roro.
front, the, *l. n.* mua (§ 8).
frost, *n.* huka.
fruit, *n.* hua.
fry, *v. t.*; frying pan, *n.* parai.
fuel, *n.* wahie.
full, *a.* kī.
garden, *n.* māra.
garment, *n.* kākahu.
gateway, *n.* kūwaha.
gather (fruit), *v. t.* tāhoro; *pass.* tāhoroa; whawhaki; *pass.* whakiia.
gather together, *v. t.* huihui; *pass.* huihuia.

gazette, *n.* kahiti.
gently, *adv.* āta.
gimlet, *n.* wiri.
gird, *v. t.* whītiki; *pass.* whītikiria; tātua; *pass.* tātuatia.
girdle, *n.* whītiki; tātua.
girl, *n.* kōtiro.
girth, *n.* whītiki; kāti.
give, *v. t.* hōmai; hōatu; *pass.* hōmai; hōatu; (mai denoting direction *towards,* atu *away from* the speaker. (No *trans. prep.* is used with the imperative.)
glad, *a.* koa.
glass, *n.* karāhe.
go, *v. i.* haere; *pass.* haerea, *be travelled over.*
go away, *v. i.* haere atu.
go to and fro, *v. i.* kōpikopiko.
God, *n.* Atua.
gold, *n.* koura.
gone, *part.* riro.
good, *a.* pai.
goods, *n.* taonga (*pl.*).
grandchild, *n.* mokopuna.
grandfather, or grandmother, *n.* tupuna; *pl.* tūpuna.
grant, *n.* karāti.
grass, *n.* pātītī; karaihe.
gravel, *n.* kirikiri.
grease, *n.* hinu.
great, *a.* nui; rahi.
green (raw or not dry), *a.* ota; kaiota; mata.
greenstone, *n.* pounamu.
grey hairs, *n.* hina.

grind, *v. t.* huri; *pass.* hurihia.
groan, *v. i.* aue.
ground, *n,* oneone.
grow, *v. i.* tupu; *pass.* tupuria.
guest, *n.* manuhiri.
guide, *v. t.* arahi; *pass.* arahina.
guide, *n.* kaiarahi.
gun, *n.* pū.
gunpowder, *n.* paura.

hair of the head, *n.* makawe.
hairs, *n.* huruhuru.
half, *n.* hawhe.
hammer, *n.* hama.
hand, *n.* ringaringa.
handkerchief, *n.* aikiha.
handle, *n.* puritanga.
handle, of an axe, etc., *n.* kakau.
hang, *v. i.* iri.
hang up, *v. t.* whakairi; *pass.* whakairia.
happened, *part.* riro.
hard, *a.* pakeke.
hat, *n.* pōtae.
hatchet, *n.* pātītī.
have, *v. t.* (§ 65.)
hawk, *n.* kāhu.
he, *pron.* ia.
head, *n.* ūpoko.
headache, *n.* ānini.
headland, *n.* rae.
hear, *v. t.* rongo (*with prep.* ki *or* i); *pass.* rangona.
heart, *n.* manawa.
heart, seat of affections, *n.* ngakau.

heart, of a tree, *n.* iho.
heat, *n.* wera.
heaven, *n.* rangi.
heavy, *a.* taimaha.
heel, *n.* rekereke.
height, *n.* tiketike.
hen, *n.* heihei.
hence, *adv.* i konei.
henceforth, *adv.* a mua ake nei.
her, *pers. pron.* ia.
her, *pron.* tāna, *pl.* āna; tōna, *pl.* ōna. (§ 22.)
herd, *n.* kāhui.
here, *adv.* ki konei; kei konei; i konei; hei konei (§ 16); tēnei.
hereafter, *adv.* a muri nei.
hide, *v. t.* huna; *pass.* hunaa.
high, *a.* tiketike.
hill, *n.* puke.
him, *pron.*, ia.
hindrance, *n.* mea hei ārai.
his, *pron.* tāna, *pl.* āna; tōna, *pl.* ōna. (§ 22.)
hither, *adv.* ki konei; mai (§ 8).
hoarse, *a.* whango.
hold, *v. t.* pupuri; *pass.* puritia.
hole, *n.* rua; kōwhao.
hollow, *a.* pūare.
holy, *a.* tapu.
home, *n.* kāinga.
honey, *n.* miere; honi.
hook, *n.* matau.
hoop, *n.* whiti.
hope for, *v. t.* tūmanako (*followed by prep.* ki); *pass.* tumanakohia.
horse, *n.* hoiho.

VOCABULARY

hospital, n. hohipera.
hot, a. wera.
hour, n. haora.
house, n. whare.
how, adv. pēhea. (§ 81.)
how many, hia (§ 6).
hundredweight, n. hānarete.
hunger, n. hemokai, matekai.
hungry, a. hemokai, hiakai.
hurry, in a, a. porangi.
husband, n. tāne.

I, pron. ahau.
idle, a. māngere.
if, conj. ki te mea; me he mea (§ 48).
ignorant, a. kūware.
impatient, a. whāwhai.
in, prep. ki roto i; kei roto i; i roto i; hei roto i.
ink, n. mangumangu.
inland, (§ 8).
insect, n. ngārara
inside, prep. (§ 16.)
inside, the. l.n. roto (§ 8.)
intend, v. t. whakaaro.
intention, n. whakaaro.
interest, n. itarete.
interpret, v. t. (into Maori) whakamaori; pass. whakamaoritia.
interpreter, n. kaiwhakamaori.
interval, n. takiwā.
into, prep. ki roto ki.
intoxicated, a. haurangi.
invalid, n. tūroro.
iron, n. rino, haeana.
island, n. motu.

jade, n. pounamu.
January, n. Hanuere.
jaw, n. kauwae.
join, v. t. hono; pass. honoa.
joint, n. pona.
journey, n. haere.
judge, n. kaiwhakawa; tiati.
July, n. Hūrae.
June, n. Hūne.
jury, n. huuri.
just, a. tika.

keep v. t. (retain), pupuri; (with prep. i or ki); pass. puritia; (take care of), tiaki; pass. tiakina.
kettle, n. tīkera.
kill, v. t. patu; pass. patua.
kind, a. atawhai.
kind, of that, a. pēna; pēra. (Comp. § 18.)
kind, of this, a. pēnei.
kind, of what, a. pēhea.
knee, n. turi.
kneel, v. i. tūturi.
knife, n. māripi.
knot, n. pona.
knot of a tree, n. puku.
know, v. t. mātau (followed by prep. ki); pass. matauria; mohio (with prep. ki); pass. mohiotia.

lace, v. t. tuitui; pass. tuituia.
ladder, n. arawhata.
lake, n. roto.
lamb, n. rēme.
lame, a. kopa.
lamp, n. rama.

land, *n.* whenua.
land, *v. i.* ū ki uta.
landing-place, *n.* ūnga.
landslip, *n.* horo.
language, *n.* reo.
large, *a.* nui; rahi.
last, *a.* whakamutunga.
last night, *adv.* inapō, nōnapō.
last year, tēra tau.
last week, tēra wīki.
latter, *a.* to muri.
laugh, *v. i.* kata; *pass.* kataina, be laughed at.
law, *n.* ture.
lawyer, *n.* rōia.
lay, *v. t.* whakatakoto; *pass.* whakatakotoria.
lazy, *a.* māngere.
lead, *v. t.* arahi; *pass.* arahina.
leaf, *n.* rau.
leak, *n.* kōwhao.
leap, *v. i.* tūpeke.
learn, *v. t.* ako; *pass.* akona.
lease, *n.* rīhi.
leather, *n.* rera.
leave, *v. t.* whakarere; *pass.* whakarerea.
leave off, *v. t.* whakamutu; *pass.* whakamutua.
leek, *n.* rīki.
left behind, *part.* mahue.
left hand, *n.* ringa maui.
left off, (as work, etc.), *part.* mutu.
leg, *n.* waewae.
length, *n.* roa.
lest, *conj.* kei.
let go, *v. t.* tuku; *pass.* tukua.

letter, *n.* pukapuka; reta.
licence, *n.* raihana.
lick, *v. t.* miti; *pass.* mitikia.
lie, *v. i.* takoto.
lie, *n.* korero teka.
life, *n.* ora.
lift, *v. t.* hāpai; *pass.* hāpainga.
light, *a.* (not heavy), māmā.
light, *a.* (not dark) mārama.
light (a fire), *v. t.* tahu; *pass.* tahuna.
lightning, *n.* uira.
like, *a.* rite.
like, *v. t.* pai (*followed by prep.* ki); *pass.* paingia.
lime, *n.* raima.
line, *n.* raina; (cord), aho.
lip, *n.* ngutu.
listen, *v. i.* whakarongo (*followed by prep.* ki).
little, *a.* iti; *pl.* ririki.
live (dwell), *v. i.* noho; *pass.* nohoia.
liver, *n.* ate.
living, *a.* ora.
lizard, *n.* moko.
load (a canoe, etc.) *v. t.* uta; *pass.* utaina.
load, *n.* utanga.
lock, *n.* raka.
log, *n.* poro (rakau).
long, *a.* roa.
long ago, *adv.* i mua.
look, *v. t.* titoro (*followed by prep.* ki); *pass.* tirohia.

look for, v. t. rapu (with prep. i or ki); pass. rapua.
loose, a. korokoro.
loosen, v. t. wewete; pass. wetekina.
lost, part. ngaro.
love, n. and v. aroha (with prep. ki); pass. arohaina.
low, a. hakahaka.
low born, a. ware, tutuā.
lower, a. to raro.
mad, a. pōrangi.
maize, n. kaanga.
make, v. t. hanga; pass. hangaa.
male, a. (human), tāne; (of animals), toa.
man, n. tangata.
manner, n. ritenga.
manure, n. wairākau.
many, a. maha. (See also § 30.)
March, n. Maehe.
marry, v. t. mārena; pass. mārenatia.
master, n. māhita.
mat, for clothing, n. kākahu.
mat (to lie on), n. takapau.
mat (floor), n. whāriki.
matter, n. mea.
May, n. Mei.
mealy, a. māngaro.
meaning, n. tikanga.
measure, n. mēhua.
medicine, n. rongoa.
meet, v. t. tūtaki; pass. tūtakina.
melon, n. kākāriki.
melon, water, n. merengi.
melt, v. t. whakarewa; pass. whakarewaina.
message, n. kupu.
messenger, n. karere.
middle, the, l. n. waenganui (§ 8).
midnight, n. waenganui pō.
midst, the, l. n. roto (§ 8).
migrate, v. i. heke.
mile, n. maero.
milk, n. waiū; miraka.
mill, n. mira.
mine, pron. nāku.
mind, n. hinengaro.
minute, n. miniti.
misfortune, n. aituā.
mix, v. t. whakananu; pass. whakananua.
moist, a. mākū.
Monday, n. Manei.
money, n. moni.
month, n. mărama.
moon, n. mărama.
morning, n. ata.
mortgage, n. and v. mōkete.
mosquito, n. waeroa.
mother, n. whaea.
mother-in-law, n. hungăwai-wahine.
motion (resolution), n. mōtini.
mouldy, a. puru.
mount, v. t., eke.
mountain, n. maunga.
mouse, n. kīore.
mouth, n. māngai; (of a river), ngutu.
move, v. t. neke; pass. nekehia.
much, a. nui.
mud, n. paruparu.
muddy, a. paruparu.

murder, *v. t.* kōhuru; *pass.* kōhurutia.
must, me (§ 56).
my, *pron.* tāku, *pl.* āku; tōku, *pl.* ōku. (§ 22.)
nail, *n.* nēra.
name, *n.* ingoa.
name, *v. t.* hua; *pass.* huaina.
narrate (*see* tell).
narrow, *a.* whāiti.
nation, *n.* iwi.
near, *a.* tata.
neck, *n.* kakī.
nephew, *n.* irāmutu.
needle, *n.* ngira.
nest, *n.* kōhanga.
net, *n.* kupenga.
new, *a.* hou.
next day, te aonga ake.
next year, tēra tau.
niece, *n.* irāmutu.
night, *n.* pō.
ninth, *a.* tuaiwa.
no, *adv.* kāhore.
noise, *n.* turituri.
noisy, *a.* turituri.
noon, *n.* te poupoutanga o te ra.
north, *n.* raki.
north wind, *n.* hauraro.
nose, *n.* ihu.
not, *adv.* kāhore; kore; ēhara; kīhai; kaua; kauaka (§ 40 and Ch. 8).
not yet, kīano.
November, *n.* Nōwema.
now, *adv.* āianei.
nurse, *n.* naahi.

oar, *n.* hoe.
obstructed, *part.* kati.
October, *n.* Oketopa.
odour, *n.* haunga.
of, *prep.* a; o. (§ 22.)
office (study), *n.* tari.
oil, *n.* hinu.
old, *a.* tawhito.
old man, *n.* koroheke; koroua.
old woman, *n.* rūruhi; kuia.
on, *prep.* ki runga i; kei runga i; i runga i; hei runga i. (§ 16.)
on board, *prep.* ki runga ki, etc. (§ 16.)
one, *a.* kotahi.
one another (§ 21).
onion, *n.* riki.
only, *adv.* anake; kau.
open, *a.* pūare; tūwhera.
open, *v. t.* whakapūare; *pass.* whakapuaretia.
open country, *n.* kōraha.
open (the mouth), hāmama (§ 62).
open (the eyes), titiro. (§ 62).
order (of court), *n.* ōta.
ordinary, *a.* maori.
orphan, *n.* pani.
other, *a.* kē; tētahi atu.
other side, the, *l. n.* (§ 8.)
others, *a.* ētahi; ētahi atu.
our, *pron.* tā matou, *pl.* ā matou; tō matou, *pl.* ō matou, etc. (§ 18.)
outer, *a.* to waho.
outside, *prep.* (§ 16).
outside, the, *l. n.* waho. (§ 8.)

VOCABULARY 111

over, *prep.* (§ 16).
overflow, *v. i.* huri; *pass.* hurihia.
overtaken, *part.* mau.
owing to, *prep.* na.
own, *a.* (See § 7.)
oyster, *n.* tio.

paddle, *n.* hoe.
pain, *n.* mamae.
paint, *n.* peita.
paling, *n.* wana.
palm (of the hand), *n.* kapu.
pant, *v. i.* kahekahe.
paper, *n.* pepa; pukapuka.
parent, *n.* mătua; *pl.* mātua.
part, *n.* wāhi.
pass. *v. i.* pahure.
path, *n.* ara.
pay for, *v. t.* utu; *pass.* utua.
payment, *n.* utu.
peace, *n.* rongo mau. Make peace, hohou rongo; *pass.* houhia te rongo. Peace is made, ka mau te rongo.
peach, *n.* pītiti.
peel, *v. t.* tīhore; *pass.* tihorea.
pen, *n.* pene.
pencil, *n.* penerakau.
penny, *n.* pene; kapa.
pension, *n.* penehana.
people, *n.* tāngata (*pl.*); iwi.
perpendicular, *a.* poupou.
per cent., paiheneti.
perhaps, *adv.* pea.
piece, *n.* pīhi.

pierce, *v. t.* poka; *pass.* pokaia.
pig, *n.* poaka.
pigeon, *n.* kūkū, kūkupa.
pit, *n.* rua.
pity, *v. t.* atawhai; *pass.* atawhaitia.
place, *n.* wāhi.
place, *v. t.* maka; *pass.* makaa.
plain, *n.* mānia.
plain, *a.* mārama.
plait, *v. t.* whiri; *pass.* whiria.
plant, *v. t.* whakatō; *pass.* whakatōkia.
play, *v. i.* tākaro; purei.
pleasant, *a.* āhuareka.
pleased, be, *v. i.* rekareka.
plough, *n.* and *v.* parau.
pluck, *v. t.* whawhaki; *pass.* whakiia.
pluck up, *v. t.* huhuti; *pass.* hūtia.
point, *n.* matamata.
pole, *n.* toko.
pool, *n.* roto.
poor, *a.* rawakore.
portion, *n.* wāhi; (of land), pīhi.
possessing, *a.* whai (the thing possessed being treated like an adjective qualifying whai); whai pukapuka, *book-possessing.*
possessions, *n.* taonga.
possible, e taea (*lit.* will be effected).
post, *n.* pou.
post office, *n.* poutāpeta.

pot (for cooking), n. kōhua.
potato, n. rīwai; taewa.
potato, sweet, n. kūmara.
pound, n. pauna.
praise, v. t. whakapai; pass. whakapaingia.
pray, v. t. inoi; pass. inoia.
precipice, n. pari.
present, n. mea hōatu noa; mea hōmai noa.
presently, adv. ākuanei.
present time, the, l. n. aianei (§ 8).
press, n. perehi.
price, n. utu.
prick, v. t. wero; pass. werohia.
priest, n. piriti.
print, v. t. perehi.
prison, n. whare herehere.
prisoner, n. herehere.
privately, adv. puku.
property, n. taonga (pl.).
proverb, n. pepeha; whakataukī.
provided, part. rato; (§ 66).
public-house, n. paparakauta.
pull, v. t. kukume; pass. kumea.

pull up, v. t. huhuti; pass. hutia.
pumpkin, n. paukena.
purpose (§ 86).
push, v. t. pana; pass. panaa.
put, v. t. maka; pass. makaa.

put across, v. t. whakawhiti; pass. whakawhitia.
put out the tongue, v. i. whātero. (§ 62.)
put side by side, v. t. apiti; pass. apititia.
put together, v. t. huihui; pass. huihuia.

quarrel, v. i. kakari.
quarter, n. koata.
question, v. t. pātai (with prep. ki); pass. pātaia.
quick, a. tere; hohoro.
quiet, a. ata noho; mārire.
quieted, part. mauru; (§ 66).
quite, adv. tino. (§ 25.)

race (horse), purei hoiho.
rail (of a fence), n. huahua; rēri.
rain, n. ua.
rainbow, n. uenuku; kahukura.
raise, v. t. hāpai; pass. hāpainga.
ram, v. t. tuki; pass. tukia.
rat, n. kīore.
rate, n. rēti.
raw, a. kaiota.
reach, v. i. tutuki; tae (followed by ki).
read, v. t. kōrero (pukapuka); pass. kōrerotia.
rear, the, l. n. muri (§ 8).
reason, n. take.
receive, v. t. tango; pass. tangohia.
red, a. whero.

refuse, v. t. whakakino (with prep. ki). pass. whakakinongia.
reject, v. t. whakarere; pass. whakarerea.
religion, n. karakia.
remain, v. i. (in place) noho; (as a residue) toe.
remainder, n. toenga.
remember, v. t. mahara (followed by ki); pass. maharatia.
rent, n. rēti.
reptile, n. ngārara.
rest, v. i. okioki.
restraint, without, adv. noa.
return, v. i. hoki; v. t. whakahoki; pass. whakahokia.
rib, n. rara.
rich, a. whai-taonga.
riches, n. taonga.
rider, n. kaieke hoiho.
right, a. tika.
right (hand), a. matau.
ring, n. mōwhiti; rīni.
ripe, a. maoa.
rise, v. i. ara; (as the sun) rere.
river, n. awa.
road, n. huarahi; rōri.
roast, v. t. tunu; pass. tunua.
rob, v. t. pāhua; pass. pāhuatia.
rock, n. kāmaka; toka.
rock, flat, n. tuāpapa.
roll, v. t. huri; pass. hurihia.
roof, n. tuanui.
root, n. pakiaka.
rope, n. taura.

rotten, a. pirau.
rough, a. taratara.
round, a. porotaka.
roundabout, a. āwhio.
row, v. t. hoe; pass. hoea.
row, n. rārangi.
rub, v. t. muku; pass. mukua; miri; pass. miria.
run, v. i. oma; pass. omakia, be run for.
rust, n. waikura.

sad, a. pouri.
saddle, n. nohoanga; tera.
sail, n. rā.
sail, v. i. rere; pass. rerengia (be sailed over).
salt, n. tote.
sand, n. onepu.
sand-bank, n. tāhuna.
sand-fly, n. namu.
sap (white wood), n. taitea.
sapling, n. kōhuri.
satisfied, part. mākona. (§ 66).
Saturday, n. Hātarei.
saucepan, n. hōpane.
save, v. t. whakaora; pass. whakaorangia.
savoury, a. kakara.
saw, n. kani.
saw, v. t. kani; pass. kania.
say, v. t. kī; pass. kiia; korero; pass. korerotia.
scarce, a. onge.
scatter, v. t. tītari; pass. tītaria.
scattered, part. marara.

E

school, *n.* kura.
scissors, *n.* kutikuti.
Scotch thistle, *n.* kotimana.
scrape, *v. t.* waru; *pass.* waruhia.
sea, *n.* moana; the sea, *l.n.* tai (§ 8).
sea-water, *n.* wai tai.
search for, *v. t.* rapu (*with prep.* i *or* ki); *pass.* rapua.
seaside, *n.* (§ 8.)
seat, *n.* nohoanga.
second, *a.* tuarua.
secret, *a.* ngaro.
self (*see* § 7).
secretly, *adv.* puku.
see, *v. t.* kite; *pass.* kitea.
seed, *n.* purapura.
seek, *v. t.* rapu (*with prep.* i *or* ki); *pass.* rapua.
seize, *v. t.* hopu; *pass.* hopukia.

sell, *v. t.* hoko; *pass.* hokona.
send, *v. t.* tono; *pass.* tonoa. (*Not used of sending inanimate things, presents, etc.; in such cases use* hōatu *or* hōmai.)
separate, *a.* motu kē.
September, *n.* Hepetema.
servant, *n.* kaimahi; hāwini.
served, *part.* rato. (§ 66.)
service, (religious), *n.* karakia.
set, *v. i.* (as the sun) tō.
set, on fire, *v. t.* tahu; *pass.* tahuna.
seventh, *a.* tuawhitu.

sever, *v. t.* momotu; *pass.* motuhia.
severed, *part.* motu (§ 66).
sew, *v. t.* tuitui; *pass.* tuituia.
shadow, *n.* ata.
shady, *a.* marumaru.
shake, *v. i.* oioi.
shake, *v. t.* whakaoioi; *pass.* whakaoioia.
shame, *n.* whakamā.
shape, *n.* āhua.
share, *n.* hea.
shark, *n.* mangō.
sharp, *a.* koi.
sharpen, *v. t.* whakakoi; *pass.* whakakoia.
shawl, *n.* hōro.
she, *pron.* ia.
shear, *v. t.* kutikuti; *pass.* kutikutia.

sheep, *n.* hipi.
shilling, *n.* hereni.
shine, *v. i.* whiti.
ship, *n.* kaipuke.
shirt, *n.* hāte.
shiver, *v. i.* wiri.
shoal, *n.* tāhuna.
shoe, *n.* hū.
shoot, *v. t.* pupuhi; *pass.* puhia.
shore, the, *l. n.* uta (§ 8).
short, *a.* poto.
shot, *n.* hoto.
shoulder, *n.* pokohiwi; (of a beast) peke.
shout, *v. i.* hāmama.
show, *v. t.* whakaatu; *pass.* whakaaturia.
shrivelled, *a.* ngingio.
shut, *v. t.* pā; *pass.* pāia.

shut the eyes, moe; kimo.
sick, a. mate.
sickness, n. mate.
side, n. taha.
side (of the body), n. kaokao.
side, the other, l. n. tua; tāwāhi. (§ 8).
sift, v. t. tātari; pass. tātaria.
sight, out of, a. ngaro.
silent, a. kupu-kore.
sin, n. hara.
since, conj. ina.
sing, v. t. waiata; pass. waiatatia.
singe, v. t. hunuhunu; pass. hunuhunua.
single, a. kotahi.
sink, v. i. totohu.
sister, n. (a man's) tuahine; pl. tuāhine; (a woman's elder) tuakana; pl. tuākana; (a woman's younger) teina; pl. tēina.
sister-in-law, n. (a man's) auwahine; (a woman's) taokete.
sit, v. i. noho; pass. nohoia (be sat upon).
site, n. tūnga.
sixth, a. tuaono.
size, n. nui.
skilful, a. tohunga.
skilled person, n. tohunga.
skin, n. kiri.
skull, n. angaanga.
sky, n. kikorangi.
slap, v. t. papaki; pass. pakia.
slate, n. tereti.

slave, n. pononga.
sleep, v. i. moe.
sleepy, a. hiamoe.
slip, v. i. paheke; (as land) horo.
slippery, a. mania.
slow, a. pūhoi.
slowly, adv. ata. (§ 79.)
small, a. nohinohi; paku; iti.
smear, v. t. pani; pass. pania.
smell, v. t. hongi; pass. hongia.
smell, n. haunga.
smoke, n. auahi; paoa.
smooth, a. māeneene.
snare, n. kaha.
sneeze, v. i. matihe.
snore, v. i. ngongoro.
snow, n. hukarere.
so, adv. (in that manner) pēna; pēra. (§ 18.)
soda, n. houra.
soft, a. ngohengohe.
soil, n. oneone.
soldier, n. hoia.
sole of the foot, n. raparapa.
solid, a. mārō.
some, def. tētahi; pl. ētahi; he (§ 18).
son, n. tama.
son-in-law, n. hunaonga.
soon, ad. wawe; meāke.
soot, n. awe.
sorcery, n. mākutu.
sorry, a. pouri.
sort, n. tū.
sound, n. tangi.
sound, a. ora.
south, n. tonga.

sow, *v. t.* rui; *pass.* ruia.
space, *n.* takiwā.
spade, *n.* kāheru.
spark, *n.* kora.
speak, *v. i.* kōrero; *pass.* kōrerotia (*be spoken about*).
spear, *n.* tao.
spear, *v. t.* wero; *pass.* werohia.
spell, *n.* mākutu.
spent, *part.* mahiti. (§ 66.)
spider, *n.* pungawerewere.
spittle, *n.* hūware.
split, *v. t.* wāwāhi; *pass.* wāhia; tītore; *pass.* tītorea.
sprained, *part.* taui; takoki. (§ 66.)
spread, *v. t.* hora; *pass.* horahia.
spread out, *part.* māhora.
spring (of water), *n.* puna.
spur, *n.* kipa.
square, *a.* tapawhā.
stable, *n.* tēpara.
staff, *n.* tokotoko.
stagger, *v. i.* hūrorirori.
stalk, *n.* kakau.
stallion, *n.* tariana.
stand, *v. i.* tū.
stand up, *v. i.* whakatika.
star, *n.* whetū.
start, *v. i.* oho; (on a journey) whakatika.
stay, *v. i.* noho.
steal, *v. t.* tāhae; *pass.* tāhaetia.
steamer, *n.* tīma.
steep, *a.* poupou.
stern, *n.* kei.
sternpost, *n.* taurapa.

steward, *n.* tūari.
stick, *n.* rākau.
stick, walking, *n.* tokotoko.
stick, *v. i.* piri; mau.
stiff, *a.* mārō.
still, *adv.* tonu.
stink, *v. i.* piro.
stir round, *v. t.* kōrorirori; *pass.* kōroriroria.
stocking, *n.* tōkena.
stomach, *n.* puku.
stone, *n.* kōwhatu.
stoop, *v. i.* tūohu.
store, *n.* toa.
storm, *n.* tūpuhi.
straight, *a.* tika.
strange, *a.* kē.
stranger, *n.* tauhou.
strap, *n.* tau; rera.
straw, *n.* tākakau.
street, *n.* tiriti.
strength, *n.* kaha.
stretch, *v. t.* whakamārō; *pass.* whakamarokia.
stretch out, *v. i.* totoro; *pass.* torona.
strike, *v. t.* patu; *pass.* patua.
strike with the fist, *v. t.* moto; *pass.* motokia.
string, *n.* aho.
stroll, *v. i.* hāereere.
strong, *a.* kaha.
struck, *part.* pā; whara.
stumble, *v. i.* tūtuki.
stump, *n.* tumutumu.
subside, *v. i.* mimiti.
suck, *v. t.* ngote; *pass.* ngotea.
suddenly, *adv.* whakarere.
suffer, *v. i.* mate.
sugar, *n.* huka.

summer, *n.* raumati.
summit, *n.* tihi.
summons, *n.* hāmene.
sun, *n.* rā.
Sunday, *n.* Rātapu.
sunrise, *n.* rerenga o te ra.
sunset, *n.* tōnga o te ra.
supple, *a.* ngohengohe.
surf, *n.* karekare.
surly, *a.* pukuriri.
survey (land), *v. t.* rūri; *pass.* rūritia.
swallow, *v. t.* horo; *pass.* horomia.
swamp, *n.* repo.
sweat, *n.* kakawa.
sweep, *v. t.* purūma.
sweet, *a.* reka.
swell, *v. i.* pupuhi.
swift, *a.* tere.
swim, *v. i.* kauhoe.

table, *n.* tēpu; (schedule) tēpara.
tail, *n.* waero.
take, *v. t.* tango; *pass.* tangohia.
taken away, *part.* riro.
talk, *v. i.* kōrero; *pass.* kōrerotia (*be talked about*).
tall, *a.* roa.
tame, *a.* rata.
tarpaulin, *n.* tāpōrena.
tax, *n.* takoha.
teach, *v. t.* whakaako; *pass.* whakaakona.
teapot, *n.* tīpata.
tear, *n.* roimata.
tear, *v. t.* haehae; *pass.* haea.

telegram, *n.* telegraph, *v. t.* waea.
tell, *v. t.* (narrate) kōrero; *pass.* kōrerotia; (bid) kī; *pass.* kīia.
than, *conj.* i.
that, *def.* tēna; tēra; taua. (§ 21.)
thatch, *v. t.* tāpatu; *pass.* tāpatutia.
the, *art.* te; *pl.* ngā; taua, *pl.* aua (§§ 18, 19).
their, *pron.* tā ratou, *pl.* ā ratou; tō ratou, *pl.* ō ratou; tā raua, *pl.* ā raua; tō raua, *pl.* ō raua.
them, *pron.* (§ 5.)
then, *adv.* i reira; ko reira.
thence, *adv.* i reira; i kona; i kō. (§ 8.)
there, *adv.* ki reira; kei rera; i reira; hei reira; ki kona, etc.; ki kō, etc. (§ 8).
they, *pron. dual*, rāua; *pl.* ratou (§ 5).
thick, *a.* mātotoru.
thief, *v.* tāhae, kaiā.
thigh, *n.* hūhā.
thin, *a.* rahirahi.
thine, *pron.* nāu, nōu. (§ 22.)
thing, *n.* mea.
think of, *v. t.* mahara (*followed by prep.* ki); *pass* maharatia.
thirst, *n.* matewai.
thirsty, *a.* hiainu.
this, *def.* tēnei; *pl.* ēnei.
thither, *adv.* ki kona; ki kō; ki reira. (§ 8.)
thorn, *n.* koikoi.

thread, n. miro; tareti.
throat, n. korokoro.
through, go or come, v. i. puta.
throng, v. t. popō; pass. popōkia.
throw, v. t. maka pass. makaa.
thumb, n. koromatua; konui.
thunder, n. whatitiri.
Thursday, n. Taitei.
thus, adv. pēnei.
thy, def. tāu; pl. āu; tōu; pl. ōu: tŏ; pl. ŏ. (§ 22.)
tide, n. tai; flood tide, tai pari; ebb tide, tai timu.
tie, v. t. here; pass. herea.
tight, a. kikī.
tighten, v. t. whakakikī; pass. whakakikītia.
time, n. taima. In time, wawe.
tip, n. matamata.
to, prep. ki (§§ 15, 50).
tobacco, n. tupeka.
today, adv. āianei; ināianei; nonāianei.
toe, n. maikara.
together, adv. tahi.
tomorrow, adv. āpōpō.
tomorrow, the day after, tētahi rā.
ton, n. tana.
tongue, n. arero.
tonight, adv. hei tēnei pō.
tooth, n. niho.
top, the, l.n. runga. (§ 8.
torch, n. rama.
torn, a. pakaru.
tough, a. uaua.
tow, n. muka.

towel, n. tauera.
town, n. taone.
trample on, v. t. takahi; pass. takahia.
translate into Maori, v. t. whakamaori; pass. whakamaoriitia.
travellers, company of, n. ope.
treaty, n. tiriti.
tree, n. rākau.
tremble, v. t. wiri.
trench, n. manga.
trouble, n. raruraru.
trousers, n. rautete.
true, a. pono.
try, v. t. whakamātau; pass. whakamātauria.
tub, n. tāpu.
Tuesday, n. Tūrei.
turn, v. t. huri; pass. hurihia, v. i. tahuri.
turn aside, v. i. peka.
twilight, n. kakarauritanga.
twins, n. māhanga.
twist, v. t. whiri; pass. whiria; wiri; pass. wiria.
typhoid, n. taipo.
udder, n. ū.
umbrella, n. amarara.
uncle, n. matua kēkē.
under, prep. ki raro ki; ki raro i; kei raro i; i raro i; hei raro i. (§§ 8, 16.)

understand, v. t. kite; pass. kitea; mohio (with prep. ki; pass. mohiotia.

union, *n.* uniana.
unripe, *a.* mata; kaiota.
untie, *v. t.* wewete; *pass.* wetekia.
untied, *part.* matara.
until, *conj.* a (§ 87).
up, *adv.* ake. (§ 81.)
upon, *prep.* (§ 16).
upper, *a.* to runga. (§ 8.)
upset, *v. i.* tahuri.
urgent, be, *v. i.* tohe; *pass.* tohea.
us, *pron.* (§ 5).
usual, *a.* maori.
utter, *v. t.* whakapuaki; *pass.* whakapuakina.

valley, *n.* awaawa.
value, equivalent, *n.* ritenga; wariu.
vein, *n.* uaua.
very, *adv.* tino; rawa. (§ 79.)
village, *n.* kāinga.
voice, *n.* reo.
vomit, *v. t.* ruaki; *pass.* ruakina.
vote, *n.* and *v.* pooti.

wade, *v. i.* kau.
wait for, *v. t.* tatari (*followed by prep.* ki); *pass.* tāria.
wake, *v. t.* whakaara; *pass.* whakaarahia.
walk, *v. i.* haere.
walk about, *v. i.* hāereere.
wall (of a house), *n.* pakitara.
want (of anything), -kore, as suffix. V'ant of food, kai-kore.

war, *n.* riri; pakanga.
warm, *a.* mahana.
warrant, *n.* warati.
wash, *v. t.* horoi; *pass.* horoia.
watch, *n.* wāti.
water, *n.* wai.
waterproof, *n.* tāpōrena.
wave, *n.* ngaru.
way, *n.* ara.
we, *pron. excl. dual,* māua; *pl.* mātou; *incl. dual,* tāua; *pl.* tātou. (§ 5.)
weak, *a.* ngoikore.
weapon, *n.* patu; rākau.
weary, *a.* ngenge, hōhā.
weather, fine, rangi paki.
weather, bad, rangi kino.
weave, *v. t.* whatu; *pass.* whatua; raranga; *pass.* rangaa.
wedge, *n.* ora; wēti.
Wednesday, *n.* Wenerei.
weed, *n.* otaota; taru.
week, *n.* wīki.
weep, *v. i.* tangi; *pass.* tangihia (*be wept for*).
weigh, *v. t.* pauna; *pass.* paunatia.
weight, *n.* wēti.
well, *n.* poka.
well (in health), *a.* ora.
well, *adv.* pai.
west, *n.* uru.
west wind, *n.* hauauru.
wet, *a.* mākū.
whale, *n.* tōhora; wēra.
wharf, *n.* wāpu.
what, *pron.* aha.
whatever (§ 78).
what place, *l. n.* hea (§ 8).
wheel, *n.* wiira.

wheelbarrow, *n.* huripara.
when? *adv.* (*past*), nōnahea; inahea; (*future*) ā hea. (§ 82); ina.
whence? *adv.* i hea? no hea?
where? *adv.* kei hea? i hea? hei hea?
whether—or, rānei—rānei.
which? *def.* tēhea? *pl.* ēhea? *rel.* (§§ 72-76).
whip, *n.* wepu.
whistle, *v. i.* whio.
white, *a.* mā.
whiten, *v. t.* whakamā; *pass.* whakamākia.
whither? *adv.* ki hea? ko hea?
who, *inter. pron.* wai; *rel. pron.* (§§ 72-76.)
whoever. (§ 77.)
whole, the, *n.* katoa.
why? *adv.* he aha? na te aha? (§ 84.)
wife, *n.* wahine; *pl.* wāhine.
wild, *a.* mākā.
willing, *a.* pai.
wind, *n.* hau.
winding, *a.* āwhiowhio.
window, *n.* mataaho.
wing, *n.* parirau.
wink, *v. i.* kimo.
winter, *n.* hōtoke.
wipe, *v. t.* ukui; *pass.* ukuia.
wire, *n.* waea.

wish for, *v. t.* hiahia (*followed by prep.* ki); *pass.* hiahiatia.
with, *prep.* ki; i. (§ 15.)
woman, *n.* wahine; *pl.* wāhine.
wood, *n.* rākau. (See Forest.)
word, *n.* kupu.
work, *v. t.* mahi; *pass.* mahia.
worth, see value.
wounded, *part.* tū.
wrap, *v. t.* takai; *pass.* takaia.
write, *v. t.* tuhituhi; *pass.* tuhituhia.
wrong, *n.* hē.

yard (measure), *n.* iāri.
yawn, *v. i.* tūwaharoa.
year, *n.* tau.
yes, *adv.* ae.
yesterday, *adv.* i nanahi; no nanahi (§ 8).
yonder, *a.* tēra; *l. n.* ko (§ 8).
you, *pron. sing.* koe; *dual,* kōrua; *pl.* koutou (§ 5).
young, *a.* tamariki.
young, of animals, *n.* kuao.
your, *pron.* tā korua. *pl.* ā korua; tō korua, *pl.* ō korua; tā koutou; *pl.* ā koutou; tō koutou, *pl.* ō koutou. (§ 22.)
youth (young man), *n.* taitama.

II. MAORI—ENGLISH

ā, *poss, part. pl. of* tā; (§§ 18, 22).
ā, *v. t.* drive.
ā, *conj.* and (§ 87).
a, *prep.* of, (§§ 15, 22).
a, *nominal prefix* (§ 9).
ae, *adv.* yes; *v. i.* assent.
aha, *pron.* what; *v. t.* (§ 60); *pass.* ahatia.
ahau, *pron.* I, me.
āhea, *adv.* when (future).
āhei, *v. i.* be able, can (*not followed by a prep.*).
ahi, *n.* fire.
ahiahi, *n.* evening.
aho, *n.* line; string.
āhua, *n.* form, shape, likeness, appearance.
āhuareka, *a.* pleasant.
ai, *v.* (§§ 64 and 65. iii.)
ai, *rel. part.* (§ 73.)
āianei, *adv.* now, today; *l. n.* the present (§ 8).
aikiha, *n.* handkerchief.
aituā, *n.* misfortune.
ake, *adv.* (§§ 7, 81.)
aki, *v. t.* dash.
ako, *v. t.* learn.
āku, *pron., pl. of* tāku (§§ 6, 18, 22).
akuanei, *adv.* now, presently.
Akuhata, *n.* August.
amarara, *n.* umbrella.
amo, *v. t.* carry on the shoulders.
āna, *pron. pl. of* tāna. (§§ 6, 18, 22.)
ana, *verbal particle* (§ 44).
anake, *adv.* only.

ānini, *n.* headache.
ano, *adv.* again; (*after a negative*) yet. (§ 7.)
angaanga, *n.* skull.
ao, *v. i.* dawn. Te aonga ake, the following day.
aoake, *l. n.* the day before, the day after. (§ 8.)
Aperira, *n.* April.
āpiti, *v. t.* put side by side, add.
āpōpō, *adv.* tomorrow.
āporo, *n.* apple.
ara, *v. i.* rise, awake.
ara, *n.* path, way.
arahi, *v. t.* guide, lead; *pass.* arahina.
ārai, *v. t.* hinder, obstruct.
arawhata, *n.* ladder.
arero, *n.* tongue.
aroha, *n.* love; *v. t.* yearn for, love.
aruhe, *n.* fernroot.
ata, *n.* shadow.
ata, *n.* morning.
āta, *adv.* gently, slowly, quietly.
ataahua, *a.* beautiful.
atawhai, *a.* kind; *v. t.* pity.
ate, *n.* liver.
āteha, *n.* assessor.
atu, *adv.* (§ 81.)
atua, *n.* god.
āu, *pron. pl. of* tau, (§§ 6. 18, 22.)
au, *n.* current.
aua, *art., pl. of* taua (§§ 18, 19); *adv.* not (*imperative*).
auahi, *n.* smoke.

autāne, *n.* brother-in-law (of woman).
auwahine, *n.* sister-in-law (of man).
awa, *n.* channel, river.
awaawa, *n.* valley.
awakeri, *n.* ditch.
awatea, *n.* daylight.
awe, *n.* soot.
awhi, *v. t.* embrace.
āwhio, *a.* round about; *v. t.* go round.
āwhiowhio, *a.* winding.

e, *prep.* by (*agent after pass. vb*).
e, *verbal particle* (§ 43).
ea, *part.* paid for (§ 66).
ēhara, *adv.* not (§ 40).
ēhea, *int. pron.* which; *pl. of* tēhea.
eka, *n.* acre.
eke, *v. t.* mount, embark; *pass.* ekengia.
ēna, *pron., pl. of* tēna. (§ 18).
ēnei, *pron., pl. of* tēnei (§ 18.)
ēngari, *conj.* but, (*after a negative*).
ēra, *pron., pl. of* tēra. (§ 18.)
ētahi, *a. pl. of* tētahi. (§ 18.)

haeana, *n.* iron.
haehae, *v. t.* tear.
haere, *v. i.* go, come, walk; *pass.* haerea, be travelled over; *n.* journey.
hāereere, *v. i.* stroll, walk about.

hāhi, *n.* church (*denomination*).
hakahaka, *a.* low.
hākari, *n.* feast.
hama, *n.* hammer.
hāmama, *v. i.* be open, shout (§ 62).
hāmanu, *n.* ammunition.
hāmene, *n.* summons; *v. t.* summon.
hanarete, *n.* hundredweight.
Hanuere, *n.* January.
hanga, *v. t.* make, build; *pass.* hangaa.
hao, *v. t.* catch (in a net); *pass.* haoa.
haora, *n.* hour.
hara, *n.* and *v. i.* sin.
harakeke, *n.* flax plant.
hāpai, *v. t.* lift; raise; *pass.* hāpainga.
Hātarei, *n.* Saturday.
hāte, *n.* shirt.
hau, *n.* wind.
hauauru, *n.* west wind.
hauhake, *v. t.* dig up (a crop); *pass.* hauhakea.
haunga, *n.* smell, odour.
haurangi, *ā.* drunken, intoxicated.
hauraro, *n.* north wind.
hāwini, *n.* servant.
hāwhe, *n.* and *a.* half.
hē, *n.* and *a.* wrong.
he, *art.* a, some. (§ 18.)
hea, *n.* share.
hea, *l. n.* what place, what time. (§ 8.)
heke, *v. i.* descend, migrate.
hei, *prep.* (§ 15.)
heihei, *n.* hen.

VOCABULARY

hemo, *a.* faint; *part.* consumed. (§ 66.)
hemokai, *n.* hunger.
Hepetema, *n.* September.
here, *v. t.* tie; *n.* bond.
heu, *n.* razor; *v. t.* shave.
hia, *inter. a.* how many?
hiahia, *v. t.* desire, wish for.
hiainu, *a.* thirsty.
hīako, *n.* bark, hide.
hiamoe, *a.* sleepy.
hina, *n.* grey hair; *a.* grey haired.
hinengaro, *n.* mind.
hinu, *n.* grease, oil.
hinga, *v. i.* fall (from an upright position); *pass.* hingaia.
hipi, *n.* sheep.
hīpoki, *v. t.* cover; *n.* coverlet.
hoa, *n.* companion, friend.
hoa-riri, *n.* enemy.
hōatu, *v. t.* give away.
hoe, *n.* paddle, oar; *v. t.* row.
hōhā, *a.* weary.
hōhonu, *a.* deep.
hohoro, *v. i.* hasten.
hohou rongo, *v. t.* make peace.
hōia, *n.* soldier.
hōiho, *n.* horse.
hoki, *v. i.* return; *conj.* and, also.
hoko, *v. t.* buy, sell, barter.
hōmai, *v. t.* give (to, or towards the speaker).
honi, *n.* honey.
hono, *v. t.* join.
hongi, *v. t.* smell, salute (by pressing noses).
hōpane, *n.* saucepan.
hopu, *v. t.* catch; seize; *pass.* hopukia.
hora, *v. t.* spread.
hōro, *n.* shawl.
horo, *v. i.* fall, or slip (as earth, etc.); *n.* landslip.
horo, *v. t.* swallow.
horoi, *v. t.* cleanse, wash.
hota, *n.* shot.
hōtoke, *n.* winter.
hou, *a.* new, fresh.
houhia, *pass. of* hohou.
houra, *n.* soda.
hū, *n.* bog, shoe, boot.
hua, *n.* fruit; *in pl.* crop; *v. i.* bear fruit.
hua, *v. t.* name, call (name); *pass.* huaina.
huahua, *n.* rail (of fence).
huarahi, *n.* road.
hūhā, *n.* thigh.
huhua, *a.* abundant.
huhuti, *v. t.* pull up; *pass.* hutia.
huihui, *v. t.* or *v. i.* assemble; put together; gather together; *pass.* huihuia.
huka, *n.* frost, cold, foam, sugar.
hukarere, *n.* snow.
huna, *v. t.* hide.
hunaonga, *n.* son-in-law, daughter-in-law.
Hūne, *n.* June.
hunuhunu, *v. t.* singe.
hungawai, *n.* father-in-law.
hungawai wahine, *n.* mother-in-law.

hūpeke, *v. i.* bend (arm or leg). (§ 62.)
Hūrae, *n.* July.
huri, *v. t.* grind, turn.
huri, *v. i.* overflow; *pass.* hurihia, be inundated.
huripara, *n.* wheelbarrow
hūrorirori, *v. i.* stagger.
huruhuru, *n.* hair, feather.
hutia, *pass.* of huhuti.
hutupōro, *n.* football.
huuri, *n.* jury.
hūware, *n.* spittle.

i, *prep.* in, etc. (§§ 15, 53). *verbal particle* (§ 44).
ia, *pron.* he, she, him, her. (§ 5.)
iāri, *n.* yard (measure).
iho, *n.* heart (of tree).
iho, *adv.* (§ 81.)
ihu, *n.* nose, bow (of canoe).
ika, *n.* fish.
ina, *conj.* for, since; *adv.* when.
ināhea, *inter. adv.* when?
ināianei, *adv.* today, just now.
inanahi, *adv.* yesterday.
inapō, *adv.* last night.
inihi, *n.* inch.
inoi, *v. t.* beg, pray.
inu, *v. t.* drink.
Ingarani, *n.* England.
ingoa, *n.* name.
īpū, *n.* bottle.
irāmutu, *n.* nephew, niece.
iri, *v. i.* hang.
itarete, *n.* interest.
iti, *a.* small, little.

iwa, *num.* nine.
iwi, *n.* bone, people, nation.

ka, *verbal particle* (§ 44).
kā, *v. i.* burn.
kaanga, *n.* corn, maize.
kaha, *a.* strong. *n.* strength, snare.
kahaki, *v. t.* carry off (by force); *pass.* kahakina.
kahekahe, *v. i.* pant.
kāheru, *n.* spade.
kahiti, *n.* gazette.
kāho, *n.* cask.
kāhore, *adv.* no, not. (§ 40.)
kāhu, *n.* hawk.
kāhui, *n.* flock, herd.
kahukura, *n.* rainbow.
kai, *n.* food; *v. t.* eat.
kai, as prefix. (§ 58.)
kaiā, *n.* thief; *v. t.* steal.
kaiarahi, *n.* guide.
kaikā, *a.* eager.
kaimahi, *n.* doer, servant.
kāinga, *n.* home, village, abode.
kaiota, *a.* raw, unripe.
kaipuke, *n.* ship.
kairūri, *n.* surveyor.
kaiwhakamaori, *n.* interpreter.
kaiwhakawā, *n.* judge.
kākahu, *n.* garment, clothing, mat.
kakara, *a.* savoury.
kakarauritanga, *n.* twilight
kakari, *v. i.* quarrel.
kākāriki, *n.* parakeet, melon.
kakau, *n.* handle (of axe, etc.), stalk.

kakawa, *n.* sweat.
kakī, *n.* neck.
kāmaka, *n.* rock.
kāmura, *n.* carpenter.
kānara, *n.* candle.
kani, *n.* saw.
kanikani, *v. i.* dance.
kanohi, *n.* eye, face.
kaokao, *n.* side (of body).
kapa, *n.* copper, penny.
kāpata, *n.* cupboard.
kāpehu, *n.* compass.
kāpeti, *n.* cabbage.
kapu, *n.* palm (of hand).
kapua, *n.* cloud.
karāhe, *n.* glass.
karaihe, *n.* grass.
karakia, *n.* religion, service.
karanga, *v. t.* call, call out.
karaehe, *n.* beast.
karāti, *n.* grant.
karehā, *l. n.* the day before yesterday; the day after tomorrow (§ 8).
karekare, *n.* surf.
karere, *n.* messenger.
kāreti, *n.* college.
kata, *v. i.* laugh.
kāti, *excl.* cease! enough!
kāti, *n.* girth (for saddle).
kati, *part.* obstructed.
kātipa, *n.* constable.
katoa, *a.* all; *n.* whole.
kau, *v. t.* ford, wade; *pass.* kauia.
kau, *adv.* only (§ 83).
kau, *n.* cow.
kaua, *or* kauaka, *adv.* not (imperative or subjunctive). (§§ 47, 48).
kauhoe, *v. i.* swim; *v. t.* swim over; *pass.* kauhoetia.
kaukau, *v. i.* bathe.
kaumātua, *a.* adult.
kaunihera, *n.* council.
kautanga, *adv.* (§ 80.)
kaute, *n.* account, bill.
kauwae, *n.* chin, jaw.
kawa, *a.* bitter.
kawe, *v. t.* carry, bring, take; *pass.* kawea.
kē, *a.* different, other, strange; *adv.* in a different direction, manner, etc.
kēhi, *n.* case.
kei, *conj.* lest; that not. (§ 47); *prep.* (§ 15).
keri, *v. t.* dig.
ki, *prep.* (§§ 15, 53).
kī, *v. t.* say, tell, ask; *pass.* kīia.
kī, *a.* full.
kia, *conj.* that, in order that. (§ 50.)
kīano, *adv.* not yet.
kīhai, *adv.* not (past indefinite. § 44).
kikī, *a.* tight.
kiko, *n.* flesh.
kikorangi, *n.* sky.
kimo, *v. i.* wink, shut the eye.
kino, *a.* bad.
kiore, *n.* rat, mouse.
kipa, *n.* spur.
kiri, *n.* skin, bark.
Kirihimete, *n.* Christmas.
kirikiri, *n.* gravel.
kirimini, *n.* agreement.

kite, *v. t.* see, understand, find, discover.
ko, *l. n.* yonder place. (§ 8.)
ko, *specific particle* (§§ 37, 38).
ko, *prep.* to (§ 15).
koa, *a.* glad.
koata, *n.* quarter.
koe, *pron.* thou, thee, you (sing.).
kōhanga, *n.* nest.
kohu, *n.* fog, mist.
kōhua, *v. t.* boil; *n.* cooking pot.
kōhuri, *n.* sapling.
kōhuru, *v. t.* murder.
koi, *a.* sharp.
koia, *adv. interrog.* expecting a negative answer.
koikoi, *n.* thorn.
kokoru, *n.* bay.
kona, *l. n.* that place (near person addressed). (§ 8.)
konei, *l. n.* this place (near speaker). (§ 8.)
konui, *n.* thumb, great toe.
kooti, *n.* court.
kopa, *n.* corner.
kopa, *a.* lame.
kōpako, *n.* back of the head.
kōpikopiko, *v. i.* go to and fro.
kōpū, *n.* belly.
kora, *n.* spark.
kōraha, *n.* open country.
kore, *adv.* not; as a suffix, like English -less, as hua-kore, fruitless.

kōrero, *v. t.* say, tell; korero pukapuka, read; *v. i.* speak, talk.
koroheke, *n.* old man.
korokoro, *n.* throat; *a.* hanging loose.
koromatua, *n.* thumb, great toe.
koropupū, *v. i.* boil.
kōrorirori, *v. t.* stir round.
koroua, *n.* old man.
kōrua, *pron.* you two.
kotahi, *num.* one; *a.* single.
kōti, *n.* coat.
kotimana, *n.* Scotch thistle.
kōtiro, *n.* girl.
koura, *n.* crayfish, gold.
koutou, *pron.* you (more than two).
kōwhā, *v. i.* flash.
kōwhao, *n.* hole, leak.
kōwhatu, *n.* stone.
kua, *verbal particle* (§ 44).
kuao, *n.* young (of animals).
kuia, *n.* old woman.
kūkū, *n.* pigeon.
kukume, *v. t.* pull.
kūkupa, *n.* pigeon.
kūmara, *n.* sweet potato.
kumea, *pass.* of kukume.
kupenga, *n.* net.
kupu, *n.* word message.
kura, *n.* school.
kuri, *n.* dog.
kutikuti, *n.* shears, scissors.
kūware, *a.* foolish, ignorant
kūwaha, *n.* doorway, gateway.

mā, *n.* white, clean.
ma. (§§ 10, 15, 22, 55.)

Maehe, n. March.
māeneene, a. smooth.
maero, n. mile.
maha, a. many.
mahana, a. warm.
māhanga, n. twins.
mahara, v. t. remember, think of.
mahi, v. i. or v. t. work; pass. mahia.
mahingākai, n. cultivation.
māhita, n. master.
mahiti, part. spent. (§ 66.)
mahora, part. spread out. (§ 66.)
mahu, part. cicatrized. (§ 66.)
mahue, part. left behind, forsaken. (§ 66.)
māhunga, n. head.
mai, adv. (§ 81.)
maikara, n. finger, toe.
maikuku, n. claw, nail.
mākā, a. wild.
maka, v. t. throw, place, put.
makawe, n. hair of the head.
mākete, n. auction.
mākona, part. satisfied.
māku, pron. for me (§§ 6, 22, 55).
mākū, a. wet; moist, damp.
mākutu, v. t. bewitch; n. sorcery.
māmā, a. light (in weight).
mamae, n. pain.
māminga, v. t. deceive.
mana, n. authority.
māna, pron. for him or her (§§ 6, 22, 55).
manawa, n. heart (organ).

Manei, n. Monday.
mānia, n. plain.
mania, a. slippery.
mano, num. thousand.
mānu, a. afloat; v. i. float.
manu, n. bird, fowl.
manuhiri, n. guest.
manga, n. branch, brook, trench.
māngai, n. mouth.
māngaro, a. mealy.
māngere, a. idle, lazy.
mangō, n. shark.
mangu, a. black.
mangumangu, n. ink.
maoa, a. cooked, ripe.
maori, a. fresh (of water), ordinary, usual.
māra, n. garden.
marae, n. courtyard.
mārama, a. light (not dark), plain.
marama, n. moon, month.
marara, part. scattered. (§ 66.)
mārena, v. t. marry.
marere, v. i. die, drop (of a solid).
marino, a. calm.
māripi, n. knife.
marire, a. quiet.
mārō, a. stiff, solid.
maroke, a. dry.
marū, part. crushed (§ 66).
marumaru, a. shady.
matā, n. flint, bullet.
mata, n. edge, face, eye.
mata, a. green, unripe, uncooked.
mataaho, n. window.
mataku, a. afraid, frightened.

matamata, *n.* point (of spear, etc.).
mātao, *a.* cold.
mātaotao, *a.* cool.
matapō, *a.* blind.
matara, *part.* untied. (§ 66.)
matau, *a.* right (hand).
matau, *n.* hook, fishhook.
mātau, *v. t.* know (followed by ki); *pass.* matauria.
mate, *a.* sick, dead; *v. t.* suffer, die.
matekai, *n.* hunger.
matenga, *n.* sickness, death.
matewai, *n.* thirst.
matihe, *v. i.* sneeze.
matikuku, *n.* claw, nail.
mātotoru, *a.* thick.
mātou, *pron.* we (more than two, excluding person addressed).
mātua, *adv.* first.
matua kēkē, *n.* uncle.
māturuturu, *v. i.* drop, trickle.
mau, *v. t.* carry, bring, take; *pass.* mauria.
mau, *part.* overtaken, fixed, caught (§ 66).
māu, *pron.* for thee (§§ 6, 22, 55).
māua, *pron.* we two (excluding person addressed).
maunga, *n.* mountain.
mauru, *part.* quieted. (§ 66.)
mea, *pron. indef.* so and so.
me, *verbal particle* (§ 56); *prep.* with (§§ 15, 87 ii.).

mea, *n.* thing, matter; *v. t.* do.
meāke, *adv.* soon.
mehemea, *conj.* if (implying the contrary of condition expressed).
mēhua, *n.* measure.
Mei, *n.* May.
mekameka, *n.* chain.
mere. *n.* weapon, so named, made of greenstone or other material.
merengi, *n.* water melon.
metemea, *conj.* as if, as it were.
miere, *n.* honey.
mimiti, *v. i.* subside.
miniti, *n.* minute.
mira, *n.* mill.
miraka, *n.* milk.
miri, *v. t.* rub; *pass.* miria.
miro, *n.* thread.
miti, *v. t.* lick.
mo, *prep.* for (§§ 15, 22).
moana, *n.* sea, large lake.
moe, *v. i.* sleep, shut the eyes.
moemoeā, *n.* dream.
moenga, *n.* sleeping place, bed.
mohio, *v. t.* know, understand (*with prep.* ki).
mōkete, *n.* mortgage.
moko, *n.* lizard.
mokopuna, *n.* grandchild.
mōku, *pron.* for me (§§ 6, 22).
mōmona, *a.* fat, fertile (of land).
momotu, *v. t.* cut, sever, break (cord, etc.).

VOCABULARY 129

mōna, *pron.* for him or her (§§ 6, 22).
moni, *n.* money.
mōtini, *n.* motion, resolution (of meeting).
moto, *v. t.* strike with the fist.
motu, *n.* island, clump of trees.
motu, *part.* severed, cut in two, broken (§ 66).
motuhia, *pass. of* momotu.
motumotu, *n.* billet (of wood).
mōu, *pron.* for thee, (§§ 6, 22).
moutere, *n.* island.
mōwhiti, *n.* ring.
mū, *n.* draughts (game).
mua, *l. n.* the front. (§ 8.)
muka, *n.* dressed flax.
muku, *v. t.* rub.
mura, *n.* flame.
muri, *l. n.* the hinder part, the back.
mutu, *part.* left off, finished (as work, etc.) (§ 66).

na, *prep.* (§§ 15, 22, 55).
naahi, *n.* nurse.
nāhea, *l. n.* what time (past). (§ 8.)
nāku, *pron.* mine (§§ 6, 22, 55).
nama, *n.* debt.
namata, *l. n.* the time past. (§ 8.)
namu, *n.* sandfly.
nāna, *pron.* his, hers. (§§ 6, 22, 55.)
nanahi, *l. n.* yesterday. (§ 8.)

napō, *l. n.* last night. (§ 8.)
nāu, *pron.* thine (§§ 6, 22, 55).
nehe, neherā, *l. n.* the olden time. (§ 8.)
neke, *v. t.* move.
nēra, *n.* nail.
niho, *n.* tooth.
no, *prep.* (§§ 15, 22).
noa, *adv.* without restraint; *a.* common.
nohea, *adv.* whence.
nohinohi, *a.* small, little.
noho, *v. i.* sit, dwell, live, remain, stay; *pass.* nohoia.
nohoanga, *a.* time or place of dwelling or sitting, seat, saddle.
nōku, *pron.* mine (§§ 6, 22).
nōna, *pron.* his, hers (§§ 6, 22).
nonāhea, *adv.* when. (§ 82.)
nonāianei, *adv.* today (past).
nōu, *pron.* thine (§§ 6, 22).
nonapō, *adv.* last night.
Nōwema, *n.* November.
nui, *a.* great, large, much, abundant; *pl.* nunui; *n.* size.
nunumi, *v. i.* disappear (behind anything).

nga, *pl. art.* the.
ngahere, *n.* forest.
ngahoro, *v. i.* fall (as fruit, etc.).
ngahuru, *n.* autumn.

ngākau, *n.* heart, seat of affections.
ngaki, *v. t.* dig up (weeds, etc.); *pass.* ngakia.
ngako, *n.* fat.
ngaro, *a.* lost, out of sight, absent.
ngārara, *n.* reptile, insect.
ngaru, *n.* wave.
ngau, *v. t.* bite.
ngāwari, *a.* easy, flexible.
ngenge, *a.* weary.
ngingio, *a.* shrivelled.
ngira, *n.* needle.
ngohengohe, *a.* soft, supple.
ngoikore, *a.* weak.
ngoki, *v. i.* creep.
ngongoro, *v. i.* snore.
ngote, *v. t.* suck.
ngutu, *n.* lip, beak, mouth (of river).

ō, *poss. particle, pl.* of tō. (§§ 18, 22.)
o, *prep.* of. (§§ 15, 22.)
oho, *v. i.* start (with surprise, etc.).
oioi, *v. i.* shake.
Oketopa, *n.* October.
ōkiha, *n.* bullock.
okioki, *v. i.* rest.
ōku, *pron. pl. of* tōku. (§§ 6, 18, 22.)
oma, *v. i.* run; *pass.* omakia.
ōna, *pron. pl. of* tōna. (§§ 6, 18, 22.)
one, *n.* beach.
oneone, *n.* earth, ground, soil.
onepū, *n.* sand.
ono, *num.* six.

onge, *a.* scarce.
ope, *n.* company of travellers.
ora, *a.* alive, living, well, sound.
ora, *n.* wedge.
oranga, *n.* life.
ota, *n.* order.
ota, *a.* raw, green.
otaota, *n.* weed.
oti, *part.* completed, finished (§ 66).
otirā, *conj.* but.
ōu, *pron., pl.* of tōu. (§ 6, 18, 22.)

pā, *n.* fortification.
pā, *v. t.* shut, close; *part.* struck.
paera, *n.* boiler.
pahaki, *l. n.* the near distance. (§ 8.)
pāhau, *n.* beard.
pāhua, *v. t.* rob.
pahure, *v. i.* pass by.
pai, *a.* good, willing; *adv.* well; *v. t.* like, approve.
paihenete, *adv.* per cent.
paioneone, *n.* clod.
pākākā, *a.* brown.
pakanga, *n.* war, battle.
pakaru, *v. t.* break in pieces, shatter.
pakaru, *part.* broken (in pieces), torn (§ 66).
paki, *a.* fine (weather).
pakiaka, *n.* root.
pakipaki, slap *or* clap frequently. (§ 63.)
pākira, *a.* bald.
pakitara, *n.* wall of a house.
paku, *a.* small, little.

pana, *v. t.* push.
pani, *v. t.* smear, paint.
pani, *n.* orphan.
pango, *a.* black.
paoa, *n.* smoke.
pāpā, *n.* father.
papa, *n.* board.
papaki, *v. t.* slap; *v. i.* strike one against another, clap (as hands); *pass.* pākia.
paparakauta, *n.* public-house.
pāpāringa, *n.* cheek.
para, *v. t.* clear (land of timber, etc.).
parāhi, *a.* and *n.* brass.
parai, *v. t.* fry; *n.* frying pan.
paraikete, *n.* blanket.
paraire, *n.* bridle.
Parairei, *n.* Friday.
parakuihi, *n.* breakfast.
parani, *n.* brand.
parāoa, *n.* flour, bread.
parapara, *n.* mud; *a.* muddy.
pararahi, *a.* flat.
pārera, *n.* duck.
pari, *v. i.* flow (as tide).
pari, *n.* cliff, precipice.
parirau, *n.* wing.
paru, *n.* dirt.
paruparu, *adj.* dirty.
pata, *n.* butter.
pātai, *n.* and *v. t.* (*with prep.* ki) question.
pātene, *n.* button.
pātiki, *n.* flatfish.
pātītī, *n.* grass, hatchet.
patu, *n.* weapon; *v. t.* strike, beat, kill.

pau, *part.* consumed (§66).
paukena, *n.* pumpkin.
pauna, *n.* pound; *v. t.* weigh.
paura, *n.* gunpowder.
pea, *adv.* perhaps.
peeke, *n.* bag, bank (money).
pēhea, *a.* of what kind. (§ 60.); *adv.* how.
peihana, *n.* basin.
peka, *v. i.* turn aside; *pass.* pekaia; *n.* branch.
peke, *n.* shoulder, fore leg (of animal).
pēna, *a.* of that kind; *adv.* so.
pene, *n.* penny, pen; pene rakau, pencil.
penehana, *n.* pension.
pēnei, *a.* of this kind; *adv.* thus.
pepa, *n.* paper.
pepeha, *n.* proverb, saying.
Pēpuere, *n.* February.
pēra, *a.* of that kind; *adv.* so.
pere, *n.* bell.
perehi, *n.* press; *v. t.* print.
pereki, *n.* brick.
pēti, *n.* bed.
peto, *part.* consumed. (§66)
pī, *n.* chicken, bee.
pia, *n.* beer.
pīhi, *n.* piece, portion of land.
piira, *n.* appeal.
pīkau, *v. t.* carry (on shoulder or back).
pīkaunga, *n.* burden, bundle.

piki, *v. t.* climb; *pass.* pikitia.
pihikete, *n.* biscuit.
piko, *v. i.* bend; *a.* bent, crooked.
pirau, *a.* rotten.
piriti, *n.* bridge, priest.
piro, *v. i.* stink.
pītiti, *n.* peach.
piwa, *n.* fever.
pō, *n.* night.
poaka, *n.* pig.
poari, *n.* board (of persons).
poho, *n.* chest, breast, bosom.
poka, *n.* well; *v. t.* bore.
pōkai, *v. t.* and *n.* coil.
poke, *a.* dirty.
pokohiwi, *n.* shoulder.
pona, *n.* ankle, joint, knot.
pono, *a.* true.
pononga, *n.* slave.
pooti, *n.* and *v. t.* vote.
popō, *v. t.* crowd, throng.
pōrangi, *a.* mad, hurrying.
poro, *n.* log; *part.* cut short. (§ 66.)
poroka, *n.* block.
porotaka, *a.* round.
pōtae, *n.* hat.
poti, *n.* boat.
poto, *a.* short.
poto, *part.* signifying that all the things spoken have been dealt with (§ 66).
pou, *n.* post.
pouaka, *n.* box.
pounamu, *n.* greenstone, jade.

poupou, *a.* steep, perpendicular.
poupoutanga, *n.* perpendicular position. Te poupoutanga o te ra, noon.
poūri, *a.* dark, sad, sorry.
poutūmārōtanga o te ra, midday.
pū, *n.* gun.
puatanga, *n.* dawn.
pūare, *a.* open, hollow.
pūehu, *n.* dust.
pūhā, *n.* sowthistle, greens.
puhia, *pass. of* pupuhi.
pūhoi, *a.* slow.
puhuki, *a.* blunt.
pukapuka, *n.* book, letter, paper.
puke, *n.* hill.
puku, *adv.* privately; secretly.
puku, *n.* stomach, knot (of a tree).
pukuriri, *a.* cross, surly.
puna, *n.* spring (of water).
punga, *n.* anchor.
pungawerewere, *n.* spider.
pupuhi, *v. t.* shoot; *v. i.* swell.
pupuri, *v. t.* hold, keep.
purapura, *n.* seed.
purei, *v. i.* play; purei hoiho, horse-race.
puritanga, *n.* handle.
puritia, *pass. of* pupuri.
puru, *a.* mouldy.
puruhi, *n.* flea.
purūma, *n.* broom; *v. t.* sweep.
puta, *v. i.* appear, come out.

putake, n. butt (of a tree), base.
pūtu, n. foot (measure).
rā, n. day, sun.
rae, n. forehead, headland.
rahi, a. large, great.
rahirahi, a. thin.
raihana, n. licence.
raima, n. lime, cement, concrete.
raina, n. line, boundary.
raka, n. lock.
rākau, n. tree, stick, wood, timber, weapon.
raki, n. north.
rakiraki, n. domestic duck.
rama, n. torch, lamp.
rānei, adv. interrog. (§41.)
rangaa, pass. of raranga.
rangatira, n. chief.
rangi, n. day, heaven.
rangona, pass. of rongo.
raorao, n. level country.
rapa, n. blade.
raparapa, n. sole of the foot.
rapu, v. t. seek, look for.
rara, n. rib.
raranga, v. t. weave (with strips of flax, etc.); pass. rangaa.
rārangi, n. row.
raro, l. n. the bottom. (§ 8.)
raruraru, n. trouble.
rata, n. doctor; a. tame.
Rātapu, n. Sunday.
rato, part. provided, served. (§ 66.)
rātou, pron. they (more than two).
rau, n. leaf; num. hundred.
rāua, pron. they two.
rauaruhe, n. fern, bracken.
raumati, n. summer.
raupo, n. bulrush, used for building huts.
raurangi, l. n. another day.
rautete, n. trousers.
rawa, adv. very.
rawakore, a. poor.
rāwhiti, n. east.
reira, l. n. that place (before mentioned).
reka, a. sweet.
rekareka, v. i. be pleased.
rēme, n. lamb.
reo, n. voice, language.
repo, n. swamp.
rera, n. leather, strap.
rere, v. i. sail, fly, flow, run, fall (as water).
rerenga o te ra, sunrise.
rerewei, n. railway.
rēri, n. rail.
reta, n. letter.
rēti, n. rent, rate.
rīhi, n. dish, lease.
rīki, n. leek, onion.
rima, num. five.
rīni, n. ring.
rino, n. iron.
ringaringa, n. hand, arm.
rīpeka, n. cross.
riri, a. angry; n. war.
ririki, a. little (pl.).
riro, part. gone, taken away, happened. (§ 66.)
rite, a. like, equal.
ritenga, n. likeness, manner, equivalent.
riu, n. bed (of a river).
rīwai, n. potato.

rīwhi, *n.* relief, substitute.
roa, *a.* long, tall; *n.* height, length.
roia, *n.* lawyer.
roimata, *n.* tear.
rokohanga, rokohina, *v. pass.* found, be overtaken.
rongo, *v. t.* hear.
rongoa, *n.* medicine.
rongomau, *n.* peace.
rōpū, *n.* company, crowd.
rōri, *n.* road.
roro, *n.* front (of a house).
roro, *n.* brains.
roto, *l. n.* the inside. (§ 8.)
roto, *n.* lake, pool.
rua, *num,* two; *n.* hole, pit.
ruaki, *v. t.* vomit.
rui, *v. t.* sow; *pass.* ruia.
ruke, *v. t.* throw away, discard.
ruku, *v. t.* dive for.
runga, *l. n.* the top. (§ 8.)
rūpeke, *part.* assembled.
rūri, *v. t.* survey (land).
rūruhi, *n.* old woman.

tā, *sing. poss. particle.* (§§ 18, 22).
tā, *v. t.* strike, dash.
tā, *v. i.* breathe; ta te manawa.
tae, *v. t.* arrive, reach, achieve; *pass.* taea.
taewa, *n.* potato.
taha, *n.* side.
tahā, *n.* calabash.
tāhae, *v. t.* steal; *n.* thief.
tahaki, *l.n.* the shore. (§ 8.)
tahataha, *n.* bank (of a river).

tahatai, *n.* coast, shore.
tahi, *num.* one.
tahi, *adv.* together.
tahirā, *l. n.* the day before yesterday, the day after tomorrow. (§ 8.)
tāhoro, *v. t.* gather (fruit).
tāhuna, *n.* sandbank, shoal.
tahu, and tahutahu, *v. t.* burn, set on fire, light (a fire).
tahuri, *v. i.* turn round or over, upset.
tai, *n.* tide.
tai, *l. n.* the sea (§ 8); waitai, sea water.
taiepa, *n.* fence.
taihoa, *adv.* by and by.
taima, *n.* time.
taimaha, *a.* heavy.
taipo, *n.* typhoid.
taitama, *n.* youth.
taitea, *n.* sapwood.
Taitei, *n.* Thursday.
taitua, *l.n.* the farther side (of a solid body). (§ 8.)
taka, *v. i.* fall off.
takahi, *v. t.* trample on.
takai, *v. t.* wrap.
tākakau, *n.* arm, straw; *a.* at leisure.
takapau, *n.* mat (to lie on).
takare, *a.* eager.
tākaro, *v. i.* play.
take, *n.* cause, reason.
takiwā, *n.* interval, space.
takoha, *n.* tax.
takoki, *part.* sprained.
takoto, *v. i.* lie; takoto kau, empty.
tāku, *sing. poss. pron.* my.
tākuta, *n.* doctor.

tama, *n.* son.
tamāhine, *n.* daughter.
tamaiti, *n.* child.
tamariki, *n.* children; *a.* young (of human being).
tāna, *sing. poss. pron.* his, her. (§§ 6, 18, 22.)
tana, *n.* ton.
tāne, *a.* male (human); *n.* man (not woman), husband.
tangata, *n.* man, human being; *pl.* tāngata.
tangi, *v. i.* cry, weep, *n.* sound.
tango, *v. t.* take, receive.
tao, *v. t.* cook.
tao, *n.* spear.
taokete, *n.* brother-in-law, (of a man), sister-in-law (of a woman).
taone, *n.* town.
taonga, *n.* property, riches, goods.
tapa, *n.* edge, margin.
tapahi, *v. t.* cut; *pass.* tapahia.
tāpatu, *v. t.* thatch; *pass.* tāpatua.
tapawhā, *a.* square.
tāpokopoko, *a.* boggy.
tāpōrena, *n.* tarpaulin, water-proof.
tāpu, *n.* tub.
tapu, *a.* holy.
tapuwae, *n.* footprint.
taratara, *a.* rough.
tarawāhi, *l. n.* the other side (of a river). (§ 8.)
tāria, *pass. of* tatari.
tarete, *n.* thread.
tari, *n.* office, study.
tariana, *n.* stallion.
taringa, *n.* ear.
taro, *n.* caladium, a plant cultivated for food.
taru, *n.* weed.
tata, *a.* near.
tātahi, *l. n.* the seaside.
tātari, *v. t.* sift.
tatari, *v. i.* wait; *pass.* tāria.
tatau, *n.* door.
tātou, *pron.* we (more than two, including person addressed).
tātua, *n.* girdle, belt; *v. t.* gird.
tāu, *sing. poss. pron.* thy. (§§ 6, 18, 22.)
tau, *n.* year.
tau, *n.* thong, strap.
tāua, *pron.* we two (inclusive), you and I.
taua, *art.* the (before mentioned). (§§ 18, 19).
taua, *n.* army.
tauera, *n.* towel.
tauhou, *n.* stranger.
taui, *part.* sprained. (§ 66.)
taupoki. *v. t.* cover; *n.* lid.
taura, *n.* rope, cord.
taurapa, *n.* stern-post (of a canoe).
tāwāhi, *l. n.* the other side (of a river, etc.). (§ 8.)
tawhiti, *a.* distant; *l.n.* the distance (§ 8).
tawhito, *a.* old.
te, *art.* the.
tēhea, *def.* which (*sing.*).

teina, *n.* (a man's) younger brother, or male cousin of younger branch; (a woman's) younger sister, or female cousin of younger branch.
teka, *a.* false; *n.* lie.
tekau, *num.* ten.
tēna, *pron.* that (§ 18.)
tēnei, *pron.* this. (§ 18.)
tēpara, *n.* stable, table (schedule).
tēpu, *n.* table.
tēra, *pron.* that (§ 18); tera tau, last year.
tēra, *adv.* yonder.
tera, *n.* saddle.
tere, *a.* swift, fast, quick.
terēti, *n.* slate.
tētahi, *a.* one, any, some. (§ 18.)
tētahi atu, *a.* other.
tētahi ra, the day after tomorrow.
tīaki, *v. t.* keep, take care of.
tiamana, *n.* chairman.
tiati, *n.* judge.
Tīhema, *n.* December.
tihi, *n.* summit, top.
tīhore, *v. t.* peel.
tika, *a.* straight, right, just.
tikanga, *n.* meaning.
tīkaokao, *n.* cock.
tiketike, *a.* high; *n.* height.
tīkera, *n.* tea-kettle.
tiki, *v. t.* fetch; *pass.* tikina.
tīma, *n.* steamer.
tīmata, *v. t.* begin; *pass.* timataia.

timu, *v. i.* ebb.
tīnana, *n.* body.
tinei, *v. t.* extinguish.
tīni, *n.* chain (measure).
tino, *adv.* quite, very.
tio, *n.* oyster.
tīpata, *n.* teapot.
tiriti, *n.* street, treaty.
tirohia, *pass. of* titiro.
tītari, *v. t.* scatter.
titiro, *v. i.* look, open the eyes; *pass.* tirohia, be looked at.
tītore, *v. t.* split; *pass.* titorea.
tiwhikete, *n.* certificate.
tō, *v. i.* set (as sun).
tō, *sing. poss. particle.* (§§ 18, 22.)
tō, *v. t.* drag; *pass.* toia.
toa, *a.* brave, male (of animals).
toe, *v. i.* remain.
toenga, *n.* remainder.
tohe, *v. i.* be urgent; *pass.* tohea.
tōhora, *n.* whale.
tohunga, *n.* skilled person.
toka, *n.* rock.
tōkena, *n.* stocking.
toki, *n.* adze, axe.
toko, *prefix* with numerals. (§ 30, ii.)
toko, *n.* pole.
tokotoko, *n.* staff, walking-stick.
tōku, *sing. poss. pron.* my. (§§ 6, 18, 22.)
tomo, *v. t.* enter; *pass.* tomokia.
tōna, *sing. poss. pron.* his, her. (§§ 6, 18, 22.)

tono, *v. t.* send, ask for, demand; *pass.* tonoa.
tonu, *adv.* still, forward.
tonga, *n.* south.
tope, *v. t.* fell, cut down; *pass.* topea.
torona, *pass. of* totoro.
torōna, *n.* throne.
toru, *num.* three.
torutoru, *a.* few.
tote, *n.* salt.
toto, *n.* blood.
totohu *v. i.* sink.
totoro, *v. i.* stretch out; *pass.* torona. (§ 62.)
tōu, *sing. poss. pron.* thy (§§ 6, 18, 22).
tū, *n.* sort.
tū, *part.* wounded. (§ 66.)
tū, *v. i.* stand.
tua, *l. n.* the other side (of a solid object). (§ 8.)
tuahine, *n.* sister or female cousin (of a man).
tuakana, *n.* elder brother or male cousin of elder branch (of a man); elder sister or female cousin of elder branch (of a woman).
tuanui, *n.* roof.
tuāpapa, *n.* flat rock.
tuarā, *n.* back.
tuari, *n.* steward; *v. t.* deal out.
tuhituhi, *v. t.* write; *pass.* tuhituhia.
tuitui, *v. t.* sew, lace.
tuke, *n.* elbow.
tukemata, *n.* eyebrow.
tuki, *v. t.* ram, crush.
tuku, *v. t.* let go, send; allow; *pass.* tukua.
tukutuku, *n.* web (of spider).
tūmanako, *v. t.* hope for.
tūmere, *n.* chimney.
tumutumu, *n.* stump.
tunu, *v. t.* roast.
tūnga, *n.* standing place, site.
tungāne, *n.* brother or male cousin (of a woman).
tūohu, *v. i.* stoop.
tūpāpaku, *n.* corpse.
tūpato, *a.* cautious, careful.
tupeka, *n.* tobacco.
tūpeke, *v. i.* leap.
tupu, *v. i.* grow; *pass.* tupuria, be grown over.
tūpuhi, *n.* storm.
tupuna, *n.* ancestor, grandparent.
ture, *n.* law.
Tūrei, *n.* Tuesday.
turi, *a.* deaf; *n.* knee.
turituri, *a.* noisy.
tūroro, *n.* invalid.
tūru, *n.* stool, chair.
tūtaki, *v. t.* meet (followed by ki).
tūtuki, *v. i.* stumble.
tutuki, *v. i.* reach limit, be finished.
tūturi, *v. i.* kneel.
tūwaharoa, *v. i.* yawn.
tuwha, *v. t.* deal, distribute.
tūwhera, *a.* open.

ū, *v. i.* come to land, land; *pass.* ungia.
ū, *n.* breast (of female).

ū, *part*. fixed, firm. (§ 66.)
ua, *n.* rain.
uaua, *a.* tough, hard, difficult; *n.* sinew, vein.
uenuku, *n.* rainbow.
uha, *a.* female (of animals).
uhi, *v. t.* cover.
ui, *v. t.* ask, question.
uira, *n.* lightning.
ukui, *v. t.* wipe.
uma, *n.* breast, chest.
ūniana, *n.* union.
ūnga, *n.* landing place.
upoko, *n.* head.
uru, *n.* west, clump (of trees).
uta, *l. n.* the inland places, the shore. (§ 8.) Ma utu, by land.
uta, *v. t.* load (canoe).
utanga, *n.* load.
utu, *v. t.* pay, pay for; *pass.* utua; *n.* payment, price.
uwhi, *n.* yam.

waea, *n.* wire, telegram; *v. t.* telegraph.
waenga, *l. n.* the middle (§ 8.)
waenganui, *l. n.* the middle the intervening space; i waenganui, between. (§ 8.)
waenganui pō, *n.* midnight.
waengarahi, *l. n.* the middle. (§ 8.)
waerenga, *n.* clearing (in the bush).
waero, *n.* tail.
waeroa, *n.* mosquito.
waewae, *n.* foot, leg.

wahangū, *a.* dumb.
wāhi, *n.* place, part, portion.
wāhia, *pass. of* wāwāhi.
wahie, *n.* firewood, fuel.
wahine, *n.* woman, wife.
waho, *l. n.* the outside. (§ 8.)
wai, *n.* water.
wai, *int. pron.* who.
waiata, *n.* song; *v. t.* sing.
waikura, *n.* rust.
waipuke, *n.* flood.
wairākau, *n.* manure.
waiū, *n.* milk.
waka, *n.* canoe.
wana, *n.* paling.
wāpu, *n.* wharf.
warati, *n.* warrant.
ware, *a.* low born.
wareware, *v. t.* forget.
wariu, *n.* value.
waro, *n.* charcoal.
waru, *num.* eight.
wāti, *n.* watch.
wāwāhi, *v. t.* split.
wawe, *adv.* soon, at once, in time.
wehi, *v. t.* fear.
Wenerei, *n.* Wednesday.
wepu, *n.* whip.
wēra, *n.* whale.
wera, *a.* hot; *n.* heat; *part.* burnt. (§ 66.)
wero, *v. t.* prick, stab, spear.
wetekia, wetekina, *pass. of* wewete.
wēti, *n.* weight, wedge.
wewete, *v. t.* loosen, untie.
wiira, *n.* wheel.
wīki, *n.* week.

VOCABULARY

wiri, *v. i.* shiver, tremble.
wiri, *v. t.* twist, bore; *n.* gimlet, auger.

whā, *num.* four.
whaea, *n.* mother, aunt.
whai, *a.* possessing. (§ 65, iv.)
whai, *v. t.* follow.
whai-taonga, *a.* rich.
whāiti, *a.* narrow.
whaina, *n.* fine.
whaiwhai, *v. t.* chase.
whaka, *prep.* (§ 15); *causative prefix.* (§ 57.)
whāka *n.* fork.
whakaae, *v. i.* consent; *v. t.* agree to; *pass.* whakaaetia.
whakaako, *v. t.* teach *pass.* whakaakona.
whakaara, *v. t.* arouse, awake.
whakaaro, *v. t.* intend; *n.* intention.
whakaatu, *v. t.* show; *pass.* whakaaturia.
whakaeke, *v. t.* attack.
whakahau, *v. t.* command.
whakahoki, *v. t.* cause to return, give back, answer; *pass.* whakahokia.
whakairi, *v. t.* hang up.
whakairo, *v. t.* carve; *pass.* whakairoa.
whakakī, *v. t.* fill.
whakakikī, *v. t.* tighten.
whakakino, *v. t.* refuse.
whakakopakopa, *v. t.* fold.
whakamā, *n.* shame.
whakamārō, *v. t.* stretch.

whakamātau, *v. t.* try.
whakamau, *v. t.* fix.
whakamine, *v. t.* assemble.
whakamutu, *v. t.* leave off, cease.
whakamutunga, *a.* last.
whakananu, *v. t.* mix.
whakanui, *v. t.* enlarge.
whakangaro, *v. t.* destroy.
whakaō, *v. t.* answer (a call).
whakaoioi, *v. t.* shake.
whakaora, *v. t.* save, cure; *pass.* whakaorangia.
whakaoti, *v. t.* finish; *pass.* whakaotia.
whakapai, *v. t.* praise.
whakapiko, *v. t.* bend.
whakapono, *v. t.* believe.
whakapuaki, *v. t.* utter.
whakapuare, *v. t.* open.
whakarata, *v. t.* tame.
whakarere, *v. t.* leave; reject; *pass.* whakarerea; *adv.* suddenly.
whakarewa, *v. t.* melt.
whakarongo, *v. t.* listen.
whakatakoto, *v. t.* lay.
whakatauki, *n.* proverb.
whakatata, *v. t.* approach.
whakateka, *v. t.* disbelieve.
whakatika, *v. i.* arise, stand up, start (on a journey).
whakatō, *v. t.* plant; *pass.* whakatokia.
whakatūwhera, *v. t.* open.
whakaū, *v. t.* bring to land.
whakawehi, *v. t.* frighten.
whakawhiti, *v. t.* put across (a river); *pass.* whakawhitia.

whakiia, *pass. of* whawhaki.
whānau, *v. i.* be born.
whanaunga, *n.* relative.
whānautanga, *n.* birth.
whānui, *a.* broad, wide.
whāngai, *v. t.* feed.
whango, *a.* hoarse.
whara, *part.* struck. (§ 66.)
whare, *n.* house.
whare herehere, prison.
whare karakia, church (building).
whāriki, *n.* floor mat.
whātero, *v. i.* protrude (as the tongue).
whati, *part.* broken (in two, as a stick.) (§ 66.)
whatiia, *pass. of* whawhati.
whatitiri, *n.* thunder.
whatu, *v. t.* weave (with prepared flax); *pass.* whatua.
whāwhai, *a.* impatient.
whawhai, *v. t.* fight.
whawhaki, pluck, gather (fruit).
whawhati, *v. t.* break (stick, etc.).
whea, *l. n.* = hea.
whenua, *n.* land.
whero, *a.* red.
whetū, *n.* star.
wheua, *n.* bone.
whika, *n.* figure, arithmetic.
whio, *v. i.* whistle.
whiri, *v. t.* twist, plait.
whiriwhiri, *v. t.* choose; *pass.* whiriwhiria.
whītau, *n.* dressed flax.
whiti, *v. i.* cross over (a river, etc.).
whiti, *v. i.* shine; *n.* hoop.
whītiki, *n.* belt, girdle; *v. t.* gird.
whitu, *num.* seven.

Index of Grammatical Subjects

(The numbers refer to the sections.)

Abstract qualities, 27.
Accent, 3, 9.
Active voice, 46, 54.
Adjectival phrases, 61.
Adjectives, 14, 23-7, 66, 69.
Adverbs, 79, 80, 81, 83.
Affirmative sentences, 36.
Agent, 53; emphatic, 55.
Alphabet, 1, 2.
Apposition, 13.
Article, 18, 19.

Causative prefix, 57.
Comparison of adjectives, 25.
Compound verb, 59.
Counting, 29.

Definitives, 17, 18.
Demonstratives, 18, 21.
Derivative nouns, 58, 68.
Descriptive details, 61.
Difference between *a* and *o*, 22.
Distributive numerals, 31.

Explanatory verb, 70.

Imperative, 47, 52, 56.
Infinitive, 38, 40, 48, 50.
Inflexions, 4, 43.

Interrogative sentences, 41.
Interrogative verbs, 60.
Inverted construction, 75.

Local nouns, 8.

Miscellaneous constructions:
'and', 87.
'as soon as', 83.
'because', 85.
purpose of an action, 86.
'when', 82.
'why', 84.

Negative sentences, 40.
Neuter verbs, 66, 67.
Nominal particle, 9.
Numerals, 28-33.

Ordinals, 32, 33.

Participles, 66, 69.
Passive voice, 51, 51·1, 54.
Personal pronouns, 5, 6.
Plural nouns, 4.
Plural pronouns, 10, 12.
Possessive pronouns, 6, 17, 22.
Predicate, 34-39.

Prepositions, 15, 16, 20.
Pronunciation, 3.

Reduplication, adjectives, 24, verbs, 63.
Relative clauses, 72-76.

Sentences without verbs, 34-42.
Specific particle *ko*, 12, 36-38, 40.

Subjunctive, 49, 50.
Substantive verb, 35.

Tenses, 44, 45, 52.
Time with prepositions, 15, 42.
Transitive prepositions, 53.

Verbal nouns, 43, 58.
Verb *ai*, 64.
Verb "to have," 65.

www.ingramcontent.com/pod-product-compliance
Lightning Source LLC
Chambersburg PA
CBHW020234170426
43201CB00007B/417